에듀윌과 함께 시작하면,
당신도 합격할 수 있습니다!

오랜 직장 생활을 마감하며 찾아온 앞날에 대한 막연한 두려움
에듀윌만 믿고 공부해 합격의 길에 올라선 50대 은퇴자

출산한지 얼마 안돼 독박 육아를 하며 시작한 도전!
새벽 2~3시까지 공부해 8개월 만에 동차 합격한 아기엄마

만년 가구기사 보조로 5년 넘게 일하다, 달리는 차 안에서도
포기하지 않고 공부해 이제는 새로운 일을 찾게 된 합격생

누구나 합격할 수 있습니다.
시작하겠다는 '다짐' 하나면 충분합니다.

마지막 페이지를 덮으면,

에듀윌과 함께
공인중개사 합격이 시작됩니다.

14년간 베스트셀러 1위
에듀윌 공인중개사 교재

기초부터 확실하게 기초/기본 이론

기초입문서(2종)

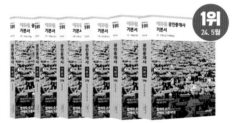

기본서(6종)

출제경향 파악 기출문제집

단원별 기출문제집(6종)

다양한 출제 유형 대비 문제집

기출응용 예상문제집(6종)

<이론/기출문제>를 단기에 단권으로 단단

단단(6종)

부족한 부분을 빠르게 보강하는 요약서/실전대비 교재

1차 핵심요약집+기출팩

임선정 그림 암기법
(공인중개사법령 및 중개실무)

오시훈 키워드 암기장
(부동산공법)

심정욱 합격패스 암기노트
(민법 및 민사특별법)

심정욱 핵심체크 OX
(민법 및 민사특별법)

합격을 위한 비법 대공개 합격서

이영방 합격서
부동산학개론

심정욱 합격서
민법 및 민사특별법

임선정 합격서
공인중개사법령 및 중개실무

김민석 합격서
부동산공시법

한영규 합격서
부동산세법

오시훈 합격서
부동산공법

신대운 합격서
쉬운 민법체계도

합격을 결정하는 파이널 교재

이영방 필살키

심정욱 필살키

임선정 필살키

오시훈 필살키

김민석 필살키

한영규 필살키

신대운 필살키

회차별 기출문제집
(2종)

실전모의고사
(2종)

더 많은
공인중개사 교재

공인중개사,
에듀윌을 선택해야 하는 이유

8년간 아무도 깨지 못한 기록
합격자 수 1위

합격을 위한 최강 라인업
1타 교수진

공인중개사

합격만 해도 연 최대 300만원 지급
에듀윌 앰배서더

업계 최대 규모의 전국구 네트워크
동문회

1위 에듀윌만의
체계적인 합격 커리큘럼

합격자 수가 선택의 기준, 완벽한 합격 노하우

온라인 강의

① 전 과목 최신 교재 제공
② 업계 최강 교수진의 전 강의 수강 가능
③ 합격에 최적화 된 1:1 맞춤 학습 서비스

쉽고 빠른 합격의 첫걸음 합격필독서 무료 신청

최고의 학습 환경과 빈틈 없는 학습 관리

직영 학원

① 현장 강의와 온라인 강의를 한번에
② 합격할 때까지 온라인 강의 평생 무제한 수강
③ 강의실, 자습실 등 프리미엄 호텔급 학원 시설

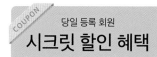

COUPON
당일 등록 회원
시크릿 할인 혜택

설명회 참석 당일 등록 시 특별 수강 할인권 제공

친구 추천 이벤트

"친구 추천하고 한 달 만에
920만원 받았어요"

친구 1명 추천할 때마다 현금 10만원 제공
추천 참여 횟수 무제한 반복 가능

※ "a*o*h**** 회원의 2021년 2월 실제 리워드 금액 기준
※ 해당 이벤트는 예고 없이 변경되거나 종료될 수 있습니다.

친구 추천 이벤트
바로가기

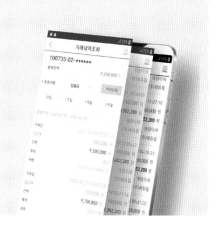

합격자 수 1위 에듀윌
6만 5천 건이 넘는 후기

고○희 합격생

부알못, 육아맘도 딱 1년 만에 합격했어요.

저는 부동산에 관심이 전혀 없는 '부알못'이었는데, 부동산에 관심이 많은 남편의 권유로 공부를 시작했습니다. 남편 지인들이 에듀윌을 통해 많이 합격했고, '합격자 수 1위'라는 광고가 좋아 에듀윌을 선택하게 되었습니다. 교수님들이 커리큘럼대로만 하면 된다고 해서 믿고 따라갔는데 정말 반복 학습이 되더라고요. 아이 둘을 키우다 보니 낮에는 시간을 낼 수 없어서 밤에만 공부하는 게 쉽지 않아 포기하고 싶을 때도 있었지만 '에듀윌 지식인'을 통해 합격하신 선배님들과 함께 공부하는 동기들의 위로가 큰 힘이 되었습니다.

이○용 합격생

군복무 중에 에듀윌 커리큘럼만 믿고 공부해 합격

에듀윌이 합격자가 많기도 하고, 교수님이 많아 제가 원하는 강의를 고를 수 있는 점이 좋았습니다. 또, 커리큘럼이 잘 짜여 있어서 잘 따라만 가면 공부를 잘 할 수 있을 것 같아 에듀윌을 선택했습니다. 에듀윌의 커리큘럼대로 꾸준히 따라갔던 게 저만의 합격 비결인 것 같습니다.

안○원 합격생

5개월 만에 동차 합격, 낸 돈 그대로 돌려받았죠!

저는 야쿠르트 프레시매니저를 하다 60세에 도전하여 합격했습니다. 심화 과정부터 시작하다 보니 기본이 부족했는데, 교수님들이 하라는 대로 기본 과정과 책을 더 보면서 정리하며 따라갔던 게 주효했던 것 같습니다. 합격 후 100만 원 가까이 되는 큰 돈을 환급받아 남편이 주택관리사 공부를 한다고 해서 뒷받침해 줄 생각입니다. 저는 소공(소속 공인중개사)으로 활동을 하고 싶은 포부가 있어 최대 규모의 에듀윌 동문회 활동도 기대가 됩니다.

다음 합격의 주인공은 당신입니다!

더 많은
합격 비법

처음에는 당신이 원하는 곳으로
갈 수는 없겠지만,
당신이 지금 있는 곳에서
출발할 수는 있을 것이다.

– 작자 미상

➕ 합격할 때까지 책임지는 개정법령 원스톱 서비스!

법령 개정이 잦은 공인중개사 시험. 일일이 찾아보지 마세요!
에듀윌에서는 필요한 개정법령만을 빠르게! 한번에! 제공해 드립니다.

에듀윌 도서몰 접속 (book.eduwill.net)	▶	우측 정오표 아이콘 클릭	▶	카테고리 공인중개사 설정 후 교재 검색

개정법령
확인하기

2 0 2 4

에듀윌 공인중개사

심정욱
필살키

최종이론 & 마무리100선

민법 및 민사특별법

합격의 문을 여는
마지막 열쇠

마지막까지 포기하지 않고
합격의 길로 이끌어드리겠습니다.

수험생 여러분, 이제 곧 시험이 다가옵니다. 공부를 잘 해 온 분도 또 아직 준비가 덜 된 분도 시험 앞에서는 자신이 없을 수밖에 없겠지요.
그러나 우리가 해 온 공부가 이번 시험에 꼭 좋은 결과로 이어져야 하기에, 마지막 교재인 필살키를 출간하게 되었습니다.

모든 시험의 합격 원리는 아주 간단합니다. 내용을 이해하고 정리하고 반복하면 합격하게 됩니다.
저도 올해를 되돌아보니, 민법의 여러 제도를 잘 이해시키고자 강의에 많이 애를 썼던 것 같습니다. 그리고 강의 내용을 합격서를 통해 정리해 드렸고, 중요사항을 반복하게 하려고 〈합격패스 암기노트〉와 〈핵심체크 OX〉를 출간하여 수험생들의 합격을 위해 최선을 다했습니다.

약력
· 現 에듀윌 민법 및 민사특별법 전임 교수
· 前 EBS 민법 및 민사특별법 강사
· 前 주요 공인중개사 학원 민법 및 민사특별법 강사

저서
에듀윌 공인중개사 민법 및 민사특별법 기초입문서, 기본서, 단단, 합격서, 단원별/회차별 기출문제집, 핵심요약집, 기출응용 예상문제집, 실전모의고사, 필살키, 합격패스 암기노트, 핵심체크 OX 등 집필

심정욱T 인스타그램
(@simjeonguk1)

이제 우리에게 남은 시간은 80일 정도 됩니다. 남은 시간을 합격에 유용하게 쓰기 위해 필살키 교재를 다음과 같이 집필했습니다.

우선 합격 최종이론 파트에서는 이번 시험 대비를 위한 큰 주제 20개를 선정하여, 객관식의 정답을 결정짓는 Killer 지문을 모두 정리해 보았습니다. 똑같은 시간을 투자하더라도 정답이 되는 지문을 빠르게 체크하는 것이 단기간에 점수를 올리는 최적의 방법인 것 같습니다.

그리고 올해 시험에 나올 가능성이 높은 문제를 100개 선정했습니다. 그간의 기출문제를 모두 분석하여 각 제도마다 반드시 시험장에 정리해 가야 할 사항만 골라 촘촘히 100개를 뽑았습니다. 또한 실수하기 쉬운 내용을 지문으로 만들어 최종적으로 실력을 가늠할 수 있도록 구성하였습니다.
마지막으로 한 지문 한 지문 명확하게 해설을 달아두었습니다. 별도의 교재를 찾지 않아도 바로바로 내용을 정리할 수 있도록 하여 시간을 최대한 절약해 보려 애를 썼습니다.

이 한 권의 교재만으로도 충분히 시험에 합격하실 수 있게 만들어 보았습니다.
여러분과 함께한 1년의 시간이 꼭 합격으로 이어지기를 바랍니다.
올해는 합격해!!! 모두 다 합격해!!! 동차로 합격해!!! 화이팅!!!
꼭 합격하고 오십시오.

필살키 구성 및 특장점

더 간결하게 핵심만 모은 **최종이론**

필수이론만
POINT 단위로 정리

🔗 연계학습
이론 관련 마무리 100선
문제를 바로 확인

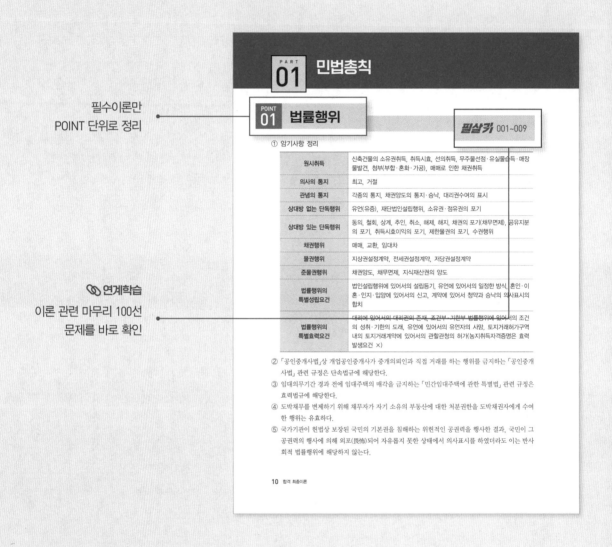

PART 01 민법총칙

POINT 01 법률행위

필살키 001~009

① 암기사항 정리

원시취득	신축건물의 소유권취득, 취득시효, 선의취득, 무주물선점·유실물습득·매장물발견, 첨부(부합·혼화·가공), 매매로 인한 채권취득
의사의 통지	최고, 거절
관념의 통지	각종의 통지, 채권양도의 통지·승낙, 대리권수여의 표시
상대방 없는 단독행위	유언(유증), 재단법인설립행위, 소유권·점유권의 포기
상대방 있는 단독행위	동의, 철회, 상계, 추인, 취소, 해제, 해지, 채권의 포기(채무면제), 공유지분의 포기, 취득시효이익의 포기, 제한물권의 포기, 수권행위
채권행위	매매, 교환, 임대차
물권행위	지상권설정계약, 전세권설정계약, 저당권설정계약
준물권행위	채권양도, 채무면제, 지식재산권의 양도
법률행위의 특별성립요건	법인설립행위에 있어서의 설립등기, 유언에 있어서의 일정한 방식, 혼인·이혼·인지·입양에 있어서의 신고, 계약에 있어서 청약과 승낙의 의사표시의 합치
법률행위의 특별효력요건	대리에 있어서의 대리권의 존재, 조건부·기한부 법률행위에 있어서의 조건의 성취·기한의 도래, 유언에 있어서의 유언자의 사망, 토지거래허가구역 내의 토지거래계약에 있어서의 관할관청의 허가(농지취득자격증명은 효력발생요건 ×)

② 「공인중개사법」상 개업공인중개사가 중개의뢰인과 직접 거래를 하는 행위를 금지하는 「공인중개사법」 관련 규정은 단속법규에 해당한다.

③ 임대의무기간 경과 전에 임대주택의 매각을 금지하는 「민간임대주택에 관한 특별법」 관련 규정은 효력법규에 해당한다.

④ 도박채무를 변제하기 위해 채무자가 자기 소유의 부동산에 대한 처분권한을 도박채권자에게 수여한 행위는 유효하다.

⑤ 국가기관이 헌법상 보장된 국민의 기본권을 침해하는 위헌적인 공권력을 행사한 결과, 국민이 그 공권력의 행사에 의해 외포(畏怖)되어 자유롭지 못한 상태에서 의사표시를 하였더라도 이는 반사회적 법률행위에 해당하지 않는다.

☑ 필살키만의 3가지 특장점

필 수이론만 담았다!

복잡한 머릿속을 단기간에 정리할 수 있도록 방대한 이론을 요약하고 또 요약했습니다.

살 을 덧붙이는 연계학습 구성!

필살키 문제에 [2024 에듀윌 심정욱 합격서]의 페이지를 표기하여 더 상세한 이론을 신속히 확인할 수 있습니다.

키 (기)적의 마무리 100선!

올해 가장 출제가 유력해 보이는 문제만을 수록하여 합격을 위한 마지막 마무리를 할 수 있습니다.

꼭 필요한 문제만 담은 **마무리 100선**

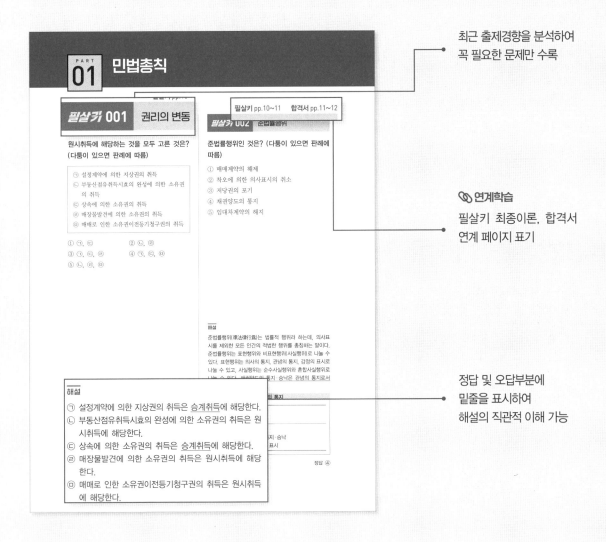

최근 출제경향을 분석하여
꼭 필요한 문제만 수록

PART 01 민법총칙

필살키 001 권리의 변동

필살키 pp.10~11   합격서 pp.11~12

필살키 002 준법률행위

원시취득에 해당하는 것을 모두 고른 것은?
(다툼이 있으면 판례에 따름)

- ㉠ 설정계약에 의한 지상권의 취득
- ㉡ 부동산점유취득시효의 완성에 의한 소유권의 취득
- ㉢ 상속에 의한 소유권의 취득
- ㉣ 매장물발견에 의한 소유권의 취득
- ㉤ 매매로 인한 소유권이전등기청구권의 취득

① ㉠, ㉢   ② ㉡, ㉣
③ ㉠, ㉢, ㉣   ④ ㉡, ㉢, ㉤
⑤ ㉡, ㉣, ㉤

준법률행위인 것은? (다툼이 있으면 판례에 따름)

① 매매계약의 해제
② 착오에 의한 의사표시의 취소
③ 저당권의 포기
④ 채권양도의 통지
⑤ 임대차계약의 해지

연계학습
필살키 최종이론, 합격서
연계 페이지 표기

해설
준법률행위(準法律行爲)는 법률적 행위라 하는데, 의사표시를 제외한 모든 인간의 적법한 행위를 총칭하는 말이다. 준법률행위는 표현행위와 비표현행위(사실행위)로 나눌 수 있다. 표현행위는 의사의 통지, 관념의 통지, 감정의 표시로 나눌 수 있고, 사실행위는 순수사실행위와 혼합사실행위로 나눌 수 있다. 채권양도의 통지·승낙은 관념의 통지로서

해설
- ㉠ 설정계약에 의한 지상권의 취득은 <u>승계취득</u>에 해당한다.
- ㉡ 부동산점유취득시효의 완성에 의한 소유권의 취득은 원시취득에 해당한다.
- ㉢ 상속에 의한 소유권의 취득은 <u>승계취득</u>에 해당한다.
- ㉣ 매장물발견에 의한 소유권의 취득은 원시취득에 해당한다.
- ㉤ 매매로 인한 소유권이전등기청구권의 취득은 원시취득에 해당한다.

정답 ④

정답 및 오답부분에
밑줄을 표시하여
해설의 직관적 이해 가능

☑ 합격자들의 3가지 필살키 활용 TIP

TIP 1 단권화

필살키 교재를 최종 요약집으로 만들고 다회독하였어요!

합격자 장**

TIP 2 다회독

마무리 100선을 3번 이상 반복 학습한 것이 제 합격의 비결입니다!

합격자 나**

TIP 3 정답 키워드 찾기

정답 및 오답 키워드를 찾는 연습을 반복했더니 답이 보이기 시작했어요~

합격자 김**

필살키 차례

필살키 200% 활용법!

에듀윌 공인중개사 홈페이지(land.eduwill.net)에서 필살키를 교재로 활용하는
강의를 함께 수강해보세요!

강의 소개 및
수강신청 바로가기

합격
최종이론

필살키 001~009

① 암기사항 정리

원시취득	신축건물의 소유권취득, 취득시효, 선의취득, 무주물선점·유실물습득·매장물발견, 첨부(부합·혼화·가공), 매매로 인한 채권취득
의사의 통지	최고, 거절
관념의 통지	각종의 통지, 채권양도의 통지·승낙, 대리권수여의 표시
상대방 없는 단독행위	유언(유증), 재단법인설립행위, 소유권·점유권의 포기
상대방 있는 단독행위	동의, 철회, 상계, 추인, 취소, 해제, 해지, 채권의 포기(채무면제), 공유지분의 포기, 취득시효이익의 포기, 제한물권의 포기, 수권행위
채권행위	매매, 교환, 임대차
물권행위	지상권설정계약, 전세권설정계약, 저당권설정계약
준물권행위	채권양도, 채무면제, 지식재산권의 양도
법률행위의 특별성립요건	법인설립행위에 있어서의 설립등기, 유언에 있어서의 일정한 방식, 혼인·이혼·인지·입양에 있어서의 신고, 계약에 있어서 청약과 승낙의 의사표시의 합치
법률행위의 특별효력요건	대리에 있어서의 대리권의 존재, 조건부·기한부 법률행위에 있어서의 조건의 성취·기한의 도래, 유언에 있어서의 유언자의 사망, 토지거래허가구역 내의 토지거래계약에 있어서의 관할관청의 허가(농지취득자격증명은 효력발생요건 ×)

② 「공인중개사법」상 개업공인중개사가 중개의뢰인과 직접 거래를 하는 행위를 금지하는 「공인중개사법」 관련 규정은 단속법규에 해당한다.

③ 임대의무기간 경과 전에 임대주택의 매각을 금지하는 「민간임대주택에 관한 특별법」 관련 규정은 효력법규에 해당한다.

④ 도박채무를 변제하기 위해 채무자가 자기 소유의 부동산에 대한 처분권한을 도박채권자에게 수여한 행위는 유효하다.

⑤ 국가기관이 헌법상 보장된 국민의 기본권을 침해하는 위헌적인 공권력을 행사한 결과, 국민이 그 공권력의 행사에 의해 외포(畏怖)되어 자유롭지 못한 상태에서 의사표시를 하였더라도 이는 반사회적 법률행위에 해당하지 않는다.

⑥ 단지 법률행위의 성립과정에서 강박이라는 불법적인 방법이 사용된 경우에는 반사회적 법률행위에 해당하지 않는다.

⑦ 매매계약체결 후 그 목적물이 범죄행위로 취득된 것을 알게 된 경우에 그 계약의 이행을 구하는 행위는 반사회적 법률행위에 해당하지 않는다.

⑧ 부동산이중매매가 반사회적 법률행위에 해당되어 무효인 경우, 당해 부동산을 제2매수인으로부터 다시 취득한 제3자는 선의이더라도 부동산의 소유권을 취득할 수 없다.

⑨ 제1매수인은 매도인에 대한 손해배상청구권을 담보하기 위하여 제2매수인의 소유권에 기한 반환청구에 대해 유치권을 주장할 수 없다.

⑩ 불공정한 법률행위에 무효행위의 전환에 관한 규정이 적용될 수 있다.

⑪ 대리인을 통해 법률행위를 한 경우, 불공정한 법률행위인지의 여부는 궁박은 본인을 표준으로 판단하고, 경솔·무경험은 대리인을 표준으로 판단한다.

⑫ 부담 없는 증여, 기부행위, 경매는 불공정한 법률행위에 해당할 수 없다.

의사표시　　　　　　　　　　　　　　　*필살키* 010~016

① 대출절차상 편의를 위하여 명의를 빌려준 자가 채무부담의 의사를 가진 경우에는 그 의사표시는 비진의표시에 해당하지 않는다.

② 근로자가 회사의 경영방침에 따라 사직원을 제출하고 회사가 이를 받아들여 퇴직처리를 하였다가 즉시 재입사하는 형식을 취한 경우, 그 근로자의 의사표시는 무효이다.

③ 통정허위표시의 경우, 선의의 제3자 스스로 무효를 주장하는 것은 무방하다.

④ 통정허위표시에 있어서, 제3자로서 보호받기 위해서는 선의이면 족하고, 무과실까지는 필요 없다.

⑤ 통정허위표시로서 무효인 법률행위도 채권자취소권의 대상이 된다.

⑥ 파산자가 상대방과 통정한 허위의 의사표시에 의해 성립된 가장채권을 보유하고 있다가 파산선고가 된 경우의 파산관재인은 제108조 제2항의 제3자에 해당한다.

⑦ 가장매매의 매수인으로부터 매매계약에 기한 소유권이전등기청구권을 보전하기 위하여 가등기를 경료한 자는 제108조 제2항의 제3자에 해당한다.

⑧ 채권의 가장양도에 있어서의 채무자는 제108조 제2항의 제3자에 해당하지 않는다.

⑨ 매도인이 계약을 적법하게 해제한 후라도 매수인은 계약금을 돌려받거나 손해배상책임을 면하기 위하여 착오를 이유로 계약을 취소할 수 있다.

⑩ 재건축조합이 재건축아파트 설계용역계약을 체결함에 있어서 상대방의 건축사자격 유무를 조사하지 않은 것은 중대한 과실에 해당하지 않는다.

⑪ 가압류등기가 없다고 믿고 보증하였더라도 그 가압류등기가 원인무효인 것으로 밝혀진 경우에는 착오를 이유로 보증계약을 취소할 수 없다.

⑫ 공인중개사를 통하지 않고 개인적으로 토지거래를 하는 경우, 매매목적물의 동일성에 착오가 있더라도 토지대장 등을 확인하지 않은 것은 중대한 과실에 해당하므로 매수인은 착오를 이유로 매매계약을 취소할 수 없다.

⑬ 매도인의 하자담보책임이 성립하더라도 매수인은 착오를 이유로 매매계약을 취소할 수 있다.

⑭ 착오가 타인의 기망행위에 의해 발생한 경우, 표의자는 각각 그 요건을 입증하여 주장할 수 있다.

⑮ 제3자의 기망행위에 의하여 신원보증서류에 서명날인한다는 착각에 빠진 상태로 연대보증의 서면에 서명날인한 경우에는 사기를 이유로 연대보증계약을 취소할 수 없다.

⑯ 강박에 의해 이루어진 증여의 의사표시는 증여의 내심의 효과의사가 결여된 것이라고 볼 수 없다.

⑰ 채권양도의 통지서를 가정부가 수령한 직후 한집에 사는 채권양도인이 우편물을 바로 회수한 경우에는 채권양도의 통지가 채무자에게 도달한 것으로 볼 수 없다.

⑱ 표의자가 의사표시를 발신한 후, 사망하거나 제한능력자가 되어도 의사표시의 효력에 영향을 미치지 아니한다.

POINT 03 대리　　　　　　　　　　　　　　　　　　　　필살키 017~022

① 대여금의 영수권한을 위임받은 자는 본인의 특별수권이 없는 한 대여금채무를 면제할 수 없다.

② 금전소비대차계약과 담보권설정계약을 체결할 대리권을 수여받았더라도 특별한 사정이 없는 한 계약을 해제할 권한까지 갖는 것은 아니다.

③ 자기계약과 쌍방대리는 원칙적으로 금지되나, 본인의 허락이 있는 경우와 채무의 이행에 대해서는 예외적으로 허용된다.

④ 甲이 미성년자 乙에게 토지를 구입해 줄 것을 부탁하고 필요한 대리권을 수여한 경우, 乙은 甲과의 위임계약을 취소할 수 있다.

⑤ 매매위임장을 제시하고 매매계약을 체결한 경우에는 매매계약서에 대리관계의 표시가 없더라도 이는 소유자를 대리하여 매매행위를 하는 것으로 보아야 한다.

⑥ 의사표시의 효력이 의사의 흠결, 사기, 강박 또는 어느 사정을 알았거나 과실로 알지 못한 것으로 인하여 영향을 받을 경우에 그 사실의 유무는 대리인을 표준으로 결정한다.

⑦ 대리인이 본인을 대리하여 매매계약을 체결할 때 매도인의 배임행위에 적극가담하였다면, 설사 본인이 그 사실을 몰랐더라도 그 매매계약은 반사회적 법률행위로서 무효이다.

⑧ 대리인은 행위능력자임을 요하지 아니하므로 본인은 대리인이 제한능력자임을 이유로 대리행위를 취소할 수 없다.

⑨ 임의대리인이 본인의 승낙이 있거나 부득이한 사유가 있어서 복대리인을 선임한 경우, 본인에 대하여 그 선임·감독에 관한 책임이 있다.

⑩ **무권대리에 있어서 추인의 상대방 : 무권대리인 + 상대방 + 상대방의 승계인**

⑪ 대리권 없는 乙이 甲을 대리하여 丙에게 甲 소유의 토지를 매도한 후 乙이 甲을 단독상속한 경우, 乙은 丙에게 등기의 말소를 청구할 수 없다.

⑫ 본인이 자신의 장남이 서류를 위조하여 매도한 부동산을 상대방에게 인도하고 10여 년간 아무런 이의를 제기하지 않았다면, 장남의 무권대리행위를 묵시적으로 추인한 것으로 볼 수 있다.

⑬ 다른 자의 대리인으로서 계약을 맺은 자가 그 대리권을 증명하지 못하고 또 본인의 추인을 받지 못한 경우, 그는 상대방의 선택에 따라 계약을 이행할 책임 또는 손해를 배상할 책임이 있다.

⑭ 등기신청권을 기본대리권으로 하여 사법상의 법률행위를 한 경우에도 권한을 넘은 표현대리가 성립할 수 있다.

⑮ 대리인이 대리권 소멸 후 복대리인을 선임하여 복대리인으로 하여금 상대방과 사이에 대리행위를 하도록 한 경우에도 표현대리가 성립할 수 있다.

⑯ 표현대리가 성립하는 경우에는 상대방에게 과실이 있더라도 과실상계의 법리를 유추적용하여 본인의 책임을 감경할 수 없다.

⑰ 담보권설정의 대리권을 수여받은 자가 자기 명의로 소유권이전등기를 하고 이어서 제3자 앞으로 소유권이전등기를 경료한 경우에는 제126조의 표현대리가 성립할 수 없다.

POINT 04 무효와 취소, 조건과 기한 　　필살키 023~025

① 무효인 법률행위에 따른 법률효과를 침해하는 것처럼 보이는 위법행위나 채무불이행이 있더라도 이를 이유로 손해배상을 청구할 수 없다.

② 하나의 법률행위의 일부분에만 취소사유가 있다고 하더라도 그 법률행위가 가분적이고 나머지 부분이라도 이를 유지하려는 당사자의 가상적 의사가 인정되는 경우에는 그 일부만을 취소할 수 있다.

③ 반사회적 법률행위와 불공정한 법률행위 및 강행법규 위반으로 무효인 법률행위에 대해서는 무효행위의 추인이 인정되지 않는다.

④ 무효인 가등기를 유효한 등기로 전용키로 약정하였더라도 그 가등기는 소급하여 유효한 등기로 전환될 수 없다.

⑤ 미성년자가 법정대리인의 동의 없이 자기 소유물을 매도하고 수령한 대금을 모두 생활비로 사용하였더라도, 그 계약이 취소된 때에는 대금 전액을 반환하여야 한다.

⑥ 토지거래허가구역 내의 토지거래계약에 있어서, 허가신청 전에 매도인이 매수인에게 계약해제의 통지를 하자 매수인이 계약금 상당액을 청구금액으로 하여 토지를 가압류한 경우, 그 매매계약은 확정적 무효로 된다.

⑦ 토지거래허가구역 내의 토지거래계약에 있어서, 최초양도인과 최종양수인이 계약의 당사자로 하는 토지거래허가를 받아 최종양수인 앞으로 이루어진 중간생략등기는 무효이다.

⑧ 처음부터 토지거래허가를 배제하거나 잠탈하는 내용의 계약인 경우에는 계약체결 후 허가구역 지정이 해제되거나 허가구역 지정기간 만료 이후 재지정을 하지 아니하였더라도, 확정적 무효인 계약이 유효하게 되는 것은 아니다.

⑨ 약혼예물의 수수는 혼인불성립을 해제조건으로 하는 증여계약에 해당한다.

⑩ 조건부 법률행위는 조건이 성취한 때로부터 법률행위의 효력이 발생하거나 소멸하나, 당사자의 특약으로 조건성취의 효력을 조건성취 전으로 소급하게 할 수 있다.

⑪ 조건성취로 인하여 불이익을 받을 당사자가 신의성실에 반하여 조건성취를 방해한 경우, 조건의 성취로 의제되는 시점은 신의성실에 반하는 행위가 없었다면 조건이 성취되었으리라고 추산되는 시점이다.

⑫ 조건의 성취가 미정한 권리·의무도 일반규정에 의하여 처분, 상속, 보존 및 담보로 할 수 있다.

⑬ 당사자가 불확정한 사실이 발생한 때를 이행기로 정한 경우, 그 사실이 발생한 때는 물론 그 사실의 발생이 불가능하게 된 때에도 이행기는 도래한 것으로 보아야 한다.

⑭ 기한이익 상실특약은 특별한 사정이 없는 한 형성권적 기한이익 상실특약으로 추정된다.

⑮ 기한부 법률행위는 기한이 도래한 때로부터 법률행위의 효력이 발생하거나 소멸하고, 당사자의 특약으로 기한도래의 효력을 기한도래 전으로 소급하게 할 수 없다.

POINT 05 물권의 변동 필살키 026~033

① 물권법정주의에 따라 당사자는 법률 또는 관습법이 인정하지 않는 새로운 종류의 물권을 임의로 창설할 수 없을 뿐만 아니라 물권의 내용도 법률 또는 관습법이 정하는 내용과 다르게 정해서는 안 된다.

② 소유권의 사용·수익 권능을 대세적·영구적으로 포기하는 것은 허용되지 않는다.

③ 지상권과 전세권을 목적으로 하는 저당권을 설정할 수 있으나, 지역권과 임차권을 목적으로 저당권을 설정할 수 없다.

④ 甲의 토지에 乙이 무단으로 건물을 신축한 후 이를 丙에게 임대차한 경우, 甲은 丙을 상대로 건물에서 퇴거할 것을 청구할 수 있다.

⑤ 임차인은 임차권의 대항력을 갖추지 못하거나 임차물을 점유하지 않더라도 임대인의 소유권에 기한 물권적 청구권을 대위행사할 수 있다.

⑥ 매매로 인한 소유권이전등기청구권은 통상의 채권양도의 법리에 따라 양도될 수 없다.

⑦ 취득시효완성으로 인한 등기청구권은 통상의 채권양도의 법리에 따라 양도할 수 있다.

⑧ 소유권이전청구권 보전을 위한 가등기가 있다 하여, 소유권이전등기를 청구할 어떤 법률관계가 있다고 추정되지 않는다.

⑨ 가등기에 기해 본등기가 이루어진 경우 물권변동의 효력은 본등기 한 때에 발생하고, 본등기의 순위는 가등기를 한 때로 소급한다.

⑩ 가등기에 기한 본등기의 경료로 소유권을 상실한 제3자는 전 소유자를 상대로 저당권의 행사로 인한 담보책임을 물을 수 있다.

⑪ 근저당권설정등기의 경우에는 근저당권의 존재뿐만 아니라 그에 상응하는 피담보채권의 존재도 추정된다(기본계약의 존재는 추정 ×).

⑫ 부동산에 관하여 소유권이전등기가 마쳐져 있는 경우 그 등기명의자는 제3자에 대하여서뿐만 아니라, 그 전 소유자에 대하여서도 적법한 등기원인에 의하여 소유권을 취득한 것으로 추정된다.

⑬ 소유권보존등기의 명의인이 부동산을 양수받은 것이라 주장하는데 전 소유자가 양도사실을 부인하는 경우 보존등기의 추정력은 깨진다.

⑭ 특별조치법에 의한 보존등기는 보증서나 확인서가 위조 내지 허위라는 점까지 입증되어야 등기의 추정력이 번복된다.

⑮ 중간생략등기의 합의가 없는 경우에는 최종양수인은 중간자를 대위(代位)하여 최초양도인에 대해 중간자 앞으로 소유권이전등기를 청구할 수 있다.

⑯ 최종양수인이 중간자로부터 소유권이전등기청구권을 양도받았다고 하더라도 최초양도인이 그 양도에 대하여 동의하지 않고 있다면, 최종양수인은 최초양도인에 대하여 채권양도를 원인으로 하여 소유권이전등기절차의 이행을 청구할 수 없다.

⑰ 공유물분할청구소송 중 공유자 사이에 현물분할의 협의가 성립하여 조정이 이루어진 경우에는 이에 따른 등기를 하여야 물권변동의 효력이 발생한다.

⑱ 甲의 토지 위에 乙이 1번 저당권, 丙이 2번 저당권을 가지고 있다가 乙이 증여를 받아 토지소유권을 취득한 경우에는 1번 저당권은 소멸하지 않는다.

POINT 06 점유권

필살카 034~037

① 건물소유자가 현실적으로 건물이나 그 부지를 점거하지 않더라도 특별한 사정이 없는 한 건물의 부지에 대한 점유가 인정된다.

② 토지를 매수·취득하여 점유를 개시함에 있어 착오로 인접 토지의 일부를 자신이 매수·취득한 토지에 속하는 것으로 믿고 점유한 매수인의 점유는 자주점유에 해당한다.

③ 처분권한이 없는 자로부터 그 사실을 알면서 부동산을 취득하거나 어떠한 법률행위가 무효임을 알면서 그 법률행위에 의하여 부동산을 취득하여 이루어진 점유는 타주점유이다.

④ 소유자가 점유자를 상대로 소유권이전등기의 말소등기청구소송을 제기하여 점유자의 패소판결이 확정된 경우에는 점유자의 점유는 패소판결 확정 시부터 타주점유로 전환된다.

⑤ 점유자가 스스로 매매 또는 증여와 같은 자주점유의 권원을 주장하였으나 이것이 인정되지 않는 경우라도 자주점유의 추정이 번복되지 않는다.

⑥ 제3자가 직접점유자의 점유를 침탈한 경우에는 간접점유자도 점유물반환청구를 할 수 있다.

⑦ 직접점유자가 임의로 제3자에게 점유물을 양도한 경우에는 간접점유자는 점유물반환청구를 할 수 없다.

⑧ 전후 양 시점의 점유자가 다른 경우에도 점유의 승계가 입증되는 한 점유계속은 추정된다.

⑨ 점유의 승계가 있는 경우, 전 점유자의 점유가 타주점유이더라도 점유자의 승계인이 자기의 점유만을 주장하는 경우에는 현 점유자의 점유는 자주점유로 추정된다.

⑩ 이행지체로 인해 매매계약이 해제된 경우, 선의의 점유자인 매수인에게는 과실취득권이 인정되지 않는다.

⑪ 선의점유자에게 과실취득권이 인정되더라도 점유를 취득함에 있어 과실(過失)이 있는 경우에는 회복자에 대하여 불법행위로 인한 손해배상책임을 진다.

⑫ 점유물의 과실을 취득한 선의의 점유자는 점유물에 지출한 통상의 필요비의 상환을 청구할 수 없다.

⑬ 점유자의 비용상환청구권과 임차인의 비용상환청구권 비교

구분	점유자의 비용상환청구권	임차인의 비용상환청구권
근거조문	제203조(일반법)	제626조(특별법)
필요비	점유물반환 시(반환청구 시)	즉시
유익비	점유물반환 시(반환청구 시)	임대차 종료 시
상대방	점유회복 당시의 소유자	임대인

⑭ 甲이 점유하고 있는 X물건을 乙이 침탈하여 이를 선의의 丙에게 매도·인도한 경우, 甲은 丙에 대하여 점유물반환청구권을 행사할 수 없다.

POINT 07 소유권

필살키 038~042

① 토지분할로 인하여 공로에 통하지 못하는 토지가 생긴 경우, 포위된 토지의 특별승계인에게는 무상의 주위토지통행권이 인정되지 않는다.
② 이미 토지의 용도에 필요한 통로가 있는 경우에는 그 통로를 사용하는 것보다 더 편리하다는 이유만으로 다른 장소로 통행할 권리를 인정할 수 없다.
③ 일반재산에 대한 취득시효가 완성된 후 그 일반재산이 행정재산으로 편입된 경우에는 취득시효완성을 원인으로 소유권이전등기를 청구할 수 없다.
④ 시효완성자는 원소유자에 의하여 취득시효가 완성된 토지에 설정된 근저당권의 피담보채무를 변제한 후, 변제액 상당에 대하여 원소유자에게 구상권을 행사하거나 부당이득반환청구를 할 수 없다.
⑤ 취득시효완성을 원인으로 한 소유권이전등기청구는 취득시효완성 당시의 소유자를 상대로 하여야 한다.
⑥ 취득시효완성 전에 목적 부동산의 소유권을 취득한 제3자에 대해서는 취득시효 주장이 된다.
⑦ 취득시효완성 후에 목적 부동산의 소유권을 취득한 제3자에 대해서는 원칙적으로 취득시효 주장이 안 된다.
⑧ 소유자가 취득시효완성 사실을 알고 제3자에게 부동산을 양도한 경우에는 시효완성자는 불법행위를 이유로 손해배상을 청구할 수 있다.
⑨ 취득시효가 완성된 토지가 수용되기 전에 시효완성자가 토지소유자에게 등기청구권을 행사하거나 취득시효를 주장한 경우에는 대상청구권을 행사하여 수용보상금청구권의 양도를 청구할 수 있다.
⑩ 등기부취득시효에 있어서, 선의·무과실은 등기에 관한 요건이 아니고 점유에 관한 요건이다.
⑪ 등기부취득시효에 있어서, 무과실에 대한 입증책임은 시효취득을 주장하는 자에게 있다.

⑫ 토지임차인의 승낙만을 받아 임차토지에 나무를 심은 사람은 토지소유자에 대하여 그 나무의 소유권을 주장할 수 없다.

⑬ 매도인에게 소유권이 유보된 시멘트를 매수인이 제3자 소유의 건물 건축공사에 사용한 경우, 그 제3자가 매도인의 소유권 유보에 대해 악의이더라도 특별한 사정이 없는 한 시멘트는 건물에 부합한다.

⑭ 공유물의 소수지분권자가 다른 공유자와의 협의 없이 공유물을 배타적으로 점유하는 경우, 다른 소수지분권자는 공유물의 보존행위로서 공유물의 인도를 청구할 수는 없다.

⑮ 과반수지분의 공유자로부터 공유물의 사용·수익을 허락받은 점유자에 대하여 소수지분권자는 건물의 철거나 퇴거 등 점유배제를 청구할 수 없다.

⑯ 과반수지분의 공유자로부터 공유물 특정부분의 사용·수익을 허락받은 점유자에 대하여 소수지분권자는 자신의 지분에 상응하는 부당이득반환을 청구할 수 없다.

POINT 08 용익물권
필살키 043~049

① 기존 건물의 사용을 목적으로 지상권을 설정하는 경우, 최단존속기간 제한규정이 적용되지 않는다.

② 지상권자가 지상권설정자의 동의 없이 제3자에게 지상권을 목적으로 한 저당권을 설정해 주었더라도 지상권설정자는 그 제3자에 대하여 저당권설정등기의 말소를 청구할 수 없다.

③ 지상권설정계약 당시 지상권의 목적인 토지를 타인에게 임대하지 않는다는 특약을 한 경우, 지상권자가 이에 위반하여 제3자에게 토지를 임대하였더라도 지상권설정자는 그 제3자에게 토지의 인도를 청구할 수 없다.

④ 지상권자의 지료지급 연체가 토지소유권의 양도 전후에 걸쳐 이루어진 경우, 토지양수인에 대한 연체기간이 2년분이 되지 않는다면 양수인은 지상권소멸청구를 할 수 없다.

⑤ 분묘기지권을 시효로 취득하였더라도, 분묘기지권자는 토지소유자가 지료지급청구를 한 날부터 지료를 지급하여야 한다.

⑥ 부부 중 일방이 먼저 사망하여 이미 그 분묘가 설치되고 그 분묘기지권이 미치는 범위 내에서 그 후에 사망한 다른 일방을 단분형태로 합장하여 분묘를 설치하는 것은 허용되지 않는다.

⑦ 대지와 건물을 함께 매도하면서 매수인에게 대지에 관하여만 소유권이전등기를 경료해 주고 건물에 관하여는 등기가 경료되지 아니하여 형식적으로 대지소유자와 건물소유자가 다르게 된 경우에는 매도인에게 관습법상의 법정지상권이 인정되지 않는다.

⑧ 건물소유자가 관습법상의 법정지상권을 취득한 후 토지소유자와 건물소유를 위한 임대차계약을 체결하고 임차권을 취득한 경우에는 관습법상의 법정지상권을 포기한 것으로 보아야 한다.

⑨ 1필 토지의 일부에 대해서도 지역권을 설정할 수 있다.

⑩ 점유로 인한 지역권 취득기간의 중단은 지역권을 행사하는 모든 공유자에 대한 사유가 아니면 그 효력이 없다.

⑪ 요역지가 수인의 공유인 경우에 그 1인에 의한 지역권 소멸시효의 중단 또는 정지는 다른 공유자를 위하여 효력이 있다.

⑫ 전세권의 존속기간을 약정하지 아니한 때에는 각 당사자는 언제든지 상대방에 대하여 전세권의 소멸을 통고할 수 있고, 상대방이 이 통고를 받은 날로부터 6개월이 경과하면 전세권은 소멸한다.

⑬ 부동산의 일부에 전세권을 설정받은 자는 전세권의 목적물이 아닌 나머지 부분에 대하여 경매신청권이 없다(우선변제권은 행사 ○).

⑭ 토지전세권자에게도 토지임차인과 마찬가지로 지상물매수청구권이 인정될 수 있다.

⑮ 타인의 토지에 있는 건물에 전세권을 설정한 때에는 전세권의 효력은 그 건물의 소유를 목적으로 한 지상권 또는 임차권에 미친다.

POINT 09 담보물권 필살키 050~060

① 유치권자가 보존에 필요한 사용으로서 이익을 얻은 경우, 이는 부당이득으로 채무자에게 반환하여야 한다.

② 임대인과 임차인 사이에 건물명도 시 권리금을 반환하기로 약정하였더라도, 임차인은 권리금반환청구권을 담보하기 위하여 건물에 대해 유치권을 주장할 수 없다.

③ 임차인은 보증금반환청구권을 담보하기 위하여 임차물에 대하여 유치권을 행사할 수 없다.

④ 경매개시결정의 등기(압류의 효력발생) 전에 성립한 유치권의 경우에는 경락인에게 유치권을 주장할 수 있다.

⑤ 경매개시결정의 등기 후에 성립한 유치권의 경우에는 경락인에게 유치권을 주장할 수 없다.

⑥ 저당권이 설정된 토지가 「공익사업을 위한 토지 등의 취득 및 보상에 관한 법률」에 따라 협의취득된 경우, 저당권자는 그 보상금에 대하여 물상대위를 할 수 없다.

⑦ 부합물과 종물에 대해서는 원칙적으로 저당권설정 전후를 불문하고 저당권의 효력이 미친다.

⑧ 과실(果實)에 대해서는 원칙적으로 과실에 저당권의 효력이 미치지 않으나, 저당부동산에 대한 압류가 있은 후에 생긴 과실에는 저당권의 효력이 미친다.

⑨ 토지에 저당권이 설정될 당시 지상에 건물이 존재하고 있었고 그 양자가 동일 소유자에게 속하였다가 그 후 저당권의 실행으로 토지가 매각되기 전에 건물을 양수한 제3자에게는 법정지상권이 인정된다.

⑩ 동일인 소유의 토지와 건물에 관하여 공동저당권이 설정된 후 그 건물이 철거되고 새로 건물이 신축된 다음, 토지에 관한 저당권의 실행으로 토지와 건물의 소유자가 달라진 경우에는 법정지상권이 인정되지 않는다.

⑪ 저당권설정자로부터 저당토지에 용익권을 설정받은 자가 그 토지에 건물을 축조한 경우라도 그 후 저당권설정자가 그 건물의 소유권을 취득한 경우에는 일괄경매청구권이 인정된다.

⑫ 제3취득자는 저당권자에게 그 부동산으로 담보된 채권을 변제하고 저당권의 소멸을 청구할 수 있다.

⑬ 채무자 소유의 부동산과 물상보증인 소유의 부동산의 경매대가를 동시에 배당하는 때에는 공동저당권자는 먼저 채무자 소유의 부동산의 경매대가로부터 채권의 변제를 받아야 하고, 부족분이 생길 때에만 물상보증인 소유의 부동산의 경매대가에서 변제를 받아야 한다.

⑭ 선순위근저당권의 확정된 피담보채권액이 채권최고액을 초과하는 경우, 후순위근저당권자는 그 채권최고액을 변제하고 선순위근저당권의 소멸을 청구할 수 없다.

⑮ 후순위근저당권자가 경매를 신청하는 경우, 선순위근저당권자의 피담보채권은 매수인이 매각대금을 다 낸 때에 확정된다.

POINT 10 계약의 성립 필살키 061~063

① 쌍무계약은 모두 유상계약에 해당하며, 현상광고와 계약금계약은 요물계약이다.

② 구인광고와 상품목록의 배부는 청약의 유인에 해당하고, 정찰가격을 붙인 상품의 진열과 자동판매기의 설치는 청약에 해당한다.

③ 청약은 계약의 일방 당사자가 될 특정인에 의하여 행해져야 한다.

④ 청약의 의사표시의 발신 후 그 도달 전에 청약자가 사망하거나 제한능력자가 되어도 청약의 효력에는 영향을 미치지 아니한다.

⑤ 불특정다수인에 대한 청약은 효력이 있으나, 불특정다수인에 대한 승낙은 효력이 없다.

⑥ 대화자 간이든 격지자 간이든 청약은 항상 상대방에게 도달한 때에 효력이 생긴다.

⑦ 청약이 상대방에게 도달하기 전에는 청약자가 이를 철회할 수 있고, 청약자가 처음부터 철회의 자유를 유보(留保)한 경우에도 청약을 철회할 수 있다.

⑧ 청약자가 "회답이 없으면 승낙한 것으로 본다."라는 문구를 덧붙여 청약하였더라도 이는 상대방을 구속하지 않는다.

⑨ 물품구입의 청약자가 청약과 함께 물품을 송부하면서 "만약 구입하지 않으면 반송하라, 반송하지 않으면 구입한 것으로 보겠다."라고 한 경우에 상대방이 이를 반송하지 않더라도 계약은 성립하지 않는다.

⑩ 승낙의 통지가 승낙기간 후에 도달한 경우, 보통 그 기간 내에 도달할 수 있는 발송인 때에는 청약자는 지체 없이 상대방에게 그 연착의 통지를 하여야 한다. 청약자가 연착의 통지를 하지 아니한 때에는 승낙의 통지는 연착되지 아니한 것으로 본다.

⑪ 격지자 간의 계약은 승낙의 통지를 발송한 때에 성립한다.

⑫ 청약자의 의사표시나 관습에 의하여 승낙의 통지가 필요하지 아니한 경우, 계약은 승낙의 의사표시로 인정되는 사실이 있는 때에 성립한다.

⑬ 예금자가 입금을 하고 금융기관이 이를 받아 확인한 경우에는 금융기관의 직원이 이를 횡령하였더라도 예금계약의 성립에는 영향을 미치지 아니한다.

⑭ 당사자 간에 동일한 내용의 청약이 상호교차된 경우에는 양 청약이 상대방에게 도달한 때에 계약이 성립한다.

⑮ 목적이 불능한 계약을 체결할 때에 그 불능을 알았거나 알 수 있었을 자는 상대방이 그 계약의 유효를 믿었음으로 인하여 받은 손해를 배상하여야 한다.

⑯ 계약체결상의 과실책임이 성립하기 위해서는 상대방은 계약의 목적이 원시적으로 불능인 사실을 알지 못하고 모르는 데에 과실이 없어야 한다.

⑰ 계약교섭의 부당한 중도파기로 인해 상대방에게 손해가 생긴 경우에는 계약체결상의 과실책임이 적용될 수 없다.

⑱ 수량을 지정한 부동산매매계약에서 실제면적이 계약면적에 미달하는 경우, 그 미달부분이 원시적 불능임을 이유로 계약체결상의 과실책임을 물을 수 없다.

POINT 11 계약의 효력

필살카 064~067

① 당사자 쌍방이 각각 별개의 약정으로 상대방에 대하여 채무를 지게 된 경우에는 원칙적으로 동시이행의 항변권이 생기지 않는다.

② 임대차계약 해제에 따른 임차인의 목적물반환의무와 임대인의 목적물을 사용·수익하게 할 의무불이행에 대하여 손해배상하기로 한 약정에 따른 의무는 동시이행관계가 아니다.

③ 당사자 일방의 채무가 이행불능으로 손해배상채무로 성질이 변경되더라도 채무의 동일성이 유지되므로 동시이행의 항변권은 존속한다.

④ 채무자가 자기채무의 이행을 거절하기 위해서는 동시이행의 항변권을 행사하여야 하나, 채무자가 자기채무에 대해 이행지체책임을 면하기 위해서는 동시이행의 항변권을 행사할 필요가 없다.

⑤ 선이행의무자가 그 이행을 지체하고 있는 동안에 상대방의 채무의 이행기가 도달한 경우, 선이행의무자도 예외적으로 동시이행의 항변권을 행사할 수 있다.

⑥ 쌍무계약의 당사자 일방이 먼저 한 번의 현실의 제공을 하고 상대방을 수령지체에 빠지게 하였더라도 그 이행의 제공이 계속되지 않는 경우에는 과거에 이행의 제공이 있었다는 사실만으로 상대방이 가지는 동시이행의 항변권이 소멸하는 것은 아니다.

⑦ 임대차계약 종료에 따른 임차인의 임차목적물반환의무와 임대인의 권리금회수 방해로 인한 손해배상의무는 동시이행관계가 아니다.

⑧ 쌍무계약의 당사자 일방의 채무가 채권자의 수령지체 중에 당사자 쌍방의 책임 없는 사유로 이행할 수 없게 된 때에는 채무자는 상대방의 이행을 청구할 수 있다.

⑨ 채무자의 책임 없는 사유로 이행불능이 된 경우, 채무자가 그 이행불능으로 인하여 목적물에 갈음하는 금전이나 손해배상청구권을 취득한 때에는 채권자는 계약의 존속을 주장하여 자신의 반대급부를 이행하고 그 금전이나 손해배상청구권의 양도를 청구할 수 있다(이를 '대상청구권'이라 함).

⑩ 제3자를 위한 계약이 성립하기 위해서는 보상관계가 유효하여야 하고 제3자 수익약정이 있어야 한다(수익의 의사표시는 성립요건 ×).

⑪ 채무자가 상당한 기간을 정하여 제3자에게 계약의 이익의 향수 여부에 대한 확답을 최고한 경우, 채무자가 그 기간 내에 확답을 받지 못한 때에는 수익을 거절한 것으로 본다.

⑫ 낙약자는 요약자와의 계약에 기한 항변(보상관계에 기한 항변, 기본관계에 기한 항변)으로 제3자에게 대항할 수 있다. 따라서 대가관계에 기한 항변으로는 제3자에게 대항할 수 없다.

⑬ 낙약자의 채무불이행을 이유로 요약자가 계약을 해제하는 경우, 제3자는 낙약자에게 손해배상을 청구할 수 있다.

⑭ 낙약자의 행위 자체가 불법행위가 되거나 보상관계가 무효인 경우에는 제3자는 특별한 사정이 없는 한 불법행위나 채무불이행을 이유로 손해배상을 청구할 수 없다.

POINT 12 계약의 해제·해지 　　　　　　　필살키 068~070

① 이행지체에 있어서 채무자가 미리 이행하지 아니할 의사표시를 적법하게 철회한 경우에는 상당한 기간을 정하여 이행을 최고하여야 계약을 해제할 수 있다.

② 당사자의 일방 또는 쌍방이 수인인 경우에는 계약의 해제는 그 전원으로부터 또는 전원에 대하여 하여야 한다.

③ 해제권자가 수인인 경우 당사자 1인에 대하여 해제권이 소멸한 때에는 다른 당사자의 해제권도 같이 소멸한다.

④ 계약해제로 인한 원상회복의 경우 그 반환의 범위는 이익의 현존 여부나 선의·악의에 불문하고 특단의 사유가 없는 한 받은 이익의 전부이다.

⑤ 부당이득반환의무와 원상회복의무 비교

구분	부당이득반환의무	원상회복의무
적용범위	무효·취소	해제
반환범위	• 선의 : 현존이익의 한도 • 악의 : 전손해배상	선의·악의 불문하고 받은 급부의 전부
과실취득권	선의 ○	선의 ×
이자가산	받은 날의 다음 날	받은 날

⑥ 계약해제로 인한 제3자의 보호범위 : 해제 전이면 선의·악의 불문하고 보호되고, 해제 후 말소등기 전이면 선의만 보호된다.

⑦ 부동산에 대한 매매계약이 해제되기 전에 그 부동산을 매수하고 소유권이전등기를 경료한 자는 계약해제의 소급효로부터 보호되는 제3자에 해당한다.

⑧ 매수인과 매매예약을 체결한 후 그에 기한 소유권이전청구권 보전을 위한 가등기를 마친 자는 계약해제의 소급효로부터 보호되는 제3자에 해당한다.

⑨ 계약상의 채권을 양수한 자는 계약해제의 소급효로부터 보호되는 제3자에 해당하지 않는다.

⑩ 해제된 매매계약에 의하여 채무자의 책임재산이 된 부동산을 가압류한 자는 계약해제의 소급효로 부터 보호되는 제3자에 해당한다.

⑪ 계약상의 채권을 압류한 채권자는 계약해제의 소급효로부터 보호되는 제3자에 해당하지 않는다.

⑫ 토지매매계약이 해제된 경우, 그 토지 위에 신축된 건물을 매수한 자는 계약해제의 소급효로부터 보호되는 제3자에 해당하지 않는다.

⑬ 계약이 합의해제된 경우에는 채무불이행을 이유로 손해배상을 청구할 수 없다.

⑭ 합의해제(또는 합의해지)로 인하여 반환할 금전에는 그 받은 날로부터 이자를 가산할 필요가 없다.

POINT 13 매매 *필살키* 071~075

① 매수인이 중도금 지급기일 전에 중도금을 지급한 경우, 특별한 사정이 없는 한 매도인은 계약금의 배액을 상환하고 계약을 해제할 수 없다.

② 매수인이 약정한 계약금의 일부만을 지급한 경우, 매도인은 실제 교부받은 계약금의 배액을 상환 하고 매매계약을 해제할 수는 없다.

③ 토지거래허가구역 내 토지에 관한 매매계약을 체결하고 계약금만 지급한 상태에서 토지거래허가 를 받은 경우, 매도인은 계약금의 배액을 상환하고 계약을 해제할 수 있다.

④ 매매계약이 있은 후에도 인도하지 아니한 목적물로부터 생긴 과실은 매도인에게 귀속한다.

⑤ 계약서 작성비용, 감정평가비용, 측량비용 등 매매계약에 관한 비용은 당사자 쌍방이 균분하여 부 담한다(등기비용은 계약비용 ×).

⑥ 매도인의 담보책임은 무과실책임이므로 매도인은 목적물의 하자에 대하여 고의나 과실이 없어도 담보책임을 진다.

⑦ 담보책임 면제특약을 맺은 경우에도 매도인은 하자를 알고도 고지하지 않은 때에는 담보책임을 진다.

⑧ 매도인의 토지가 100평인 줄 알고 평당 100만원씩 책정하여 매매계약을 체결하였으나, 실측을 해 본 결과 80평밖에 되지 않는 경우 매수인은 매도인에 대하여 담보책임을 물을 수 있다.

⑨ 계약 당시 100평이었던 토지가 후에 80평이 된 경우에는 수량을 지정한 매매계약 후에 수량부족 이 발생한 경우이므로 매수인은 매도인에 대하여 담보책임을 물을 수 없다.

⑩ 법률상의 장애에 대해 판례는 이를 물건의 하자로 본다.

⑪ 매도인의 담보책임에 있어서, 하자의 발생 및 확대에 매수인에게 잘못이 있는 경우 이를 참작하여 매도인의 손해배상액수를 정할 수 있다.

⑫ 타인 권리의 매매에 있어서 매도인의 귀책사유로 이행불능이 된 경우, 매수인은 채무불이행을 이 유로 계약을 해제하고 손해배상을 청구할 수 있다.

⑬ 매매목적물의 하자로 인해 확대손해가 발생한 경우, 매도인에게 이에 대한 배상책임을 지우기 위해서는 매도인에게 귀책사유가 있어야 한다.

⑭ 환매대금은 다른 특약이 없는 한 매매대금과 매수인이 부담한 매매비용이다.

⑮ 환매권등기는 처분금지의 효력이 없으므로 매수인은 그로부터 다시 매수한 제3자에 대하여 소유권이전등기절차의 이행을 거절할 수 없다.

⑯ 환매권 행사 시 목적물의 과실과 대금의 이자는 특별한 약정이 없는 한 상계한 것으로 본다.

POINT 14 교환

필살키 076

① 교환계약에는 매도인의 담보책임규정이 준용되므로 교환계약의 각 당사자는 목적물의 하자에 대하여 담보책임을 진다.

② 보충금지급의 약정이 있는 경우, 보충금 미지급을 이유로 교환계약을 해제할 수 있다.

③ 보충금의 지급기한을 정하지 않았다면, 목적물을 인도받은 날부터 보충금의 이자를 지급하여야 한다.

④ 목적물의 인도와 동시에 보충금을 지급하기로 한 경우에는 그 인도장소에서 보충금을 지급하여야 한다.

⑤ 당사자가 자기 소유 목적물의 시가를 묵비하여 상대방에게 고지하지 않더라도 사기를 이유로 교환계약을 취소할 수 없다.

POINT 15 임대차

필살키 077~083

① 영구무한의 임대차계약도 원칙적으로 유효하다.

② **해지통고** : 부동산인 경우에는 임대인이 해지통고를 한 때에는 6개월, 임차인이 해지통고를 한 때에는 1개월, 동산인 경우에는 공히 5일이 경과하여야 임대차가 소멸한다.

③ 법정갱신의 경우 제3자가 제공한 담보는 기간만료로 소멸한다. 그러나 약정갱신의 경우에는 제3자가 제공한 담보는 기간만료로 소멸하지 않는다.

④ 통상의 임대차에서는 임대인은 임차인의 안전을 배려하거나 도난방지 등의 보호의무를 부담하지 않는다(숙박계약의 경우에는 임대인에게 보호의무 ○).

⑤ 건물임대차에서 임차인이 증축부분에 대한 원상회복의무를 면하는 대신 유익비상환청구권을 포기하기로 하는 약정은 유효하다.

⑥ 건물의 소유를 목적으로 한 토지임대차는 이를 등기하지 아니한 경우에도 임차인이 그 지상건물을 등기한 때에는 제3자에 대하여 토지임차권을 주장할 수 있다.

⑦ 필요비상환청구권과 유익비상환청구권 비교

필요비 상환청구권	○ 필요비의 의의 : 임차물의 보존을 위하여 지출한 비용(수선비 등) ⓒ 필요비상환청구의 시기 : 지출 즉시(임대차존속 중에도 가능) ⓒ 가액의 증가 현존 × ② 법원의 상환기간 허여 ×
유익비 상환청구권	○ 유익비의 의의 : 목적물을 개량하기 위하여 지출한 비용 ⓒ 유익비상환청구의 시기 : 임대차 종료 시 ⓒ 가액의 증가 현존 ○ ② 법원의 상환기간 허여 ○

⑧ 임차인이 음식점을 경영하기 위하여 지출한 인테리어비, 간판설치비는 유익비에 해당하지 않는다.

⑨ 임차인의 비용상환청구권은 임대인이 목적물을 반환받은 날로부터 6개월 내에 행사하여야 한다.

⑩ 부속물매수청구권의 대상이 되기 위해서는 부속물이 건물의 객관적 가치를 증가시켜야 하고, 독립성이 있어야 하며, 임차인의 소유이어야 한다.

⑪ 지상물의 매수를 청구할 수 있는 자는 지상물의 소유자에 한한다.

⑫ 임차권이 대항력을 갖춘 경우에는 임대차계약 종료 후, 임대인으로부터 토지를 양수한 제3자에 대해서도 지상물매수청구권을 행사할 수 있다.

⑬ 당사자 사이에 임차인이 지상건물을 양도하거나 이를 철거하기로 약정한 경우에도 임차인은 지상건물의 매수를 청구할 수 있다.

⑭ 임차인의 채무불이행으로 임대차계약이 해지된 경우와 임대인과 임차인의 합의로 임대차계약이 해지된 경우에는 임차인은 지상물매수청구권을 행사할 수 없다.

⑮ 임대인의 동의를 얻어 전대한 경우에는 임대인과 임차인의 합의로 임대차계약을 종료시키더라도 전차인의 권리는 소멸하지 않는다.

⑯ 동의 있는 전대차의 경우 임대차계약이 해지통고로 종료된 때에는 그 사유를 전차인에게 통지하여야 하나, 차임연체로 임대차계약이 해지된 때에는 그 사유를 전차인에게 통지할 필요가 없다.

POINT
16 **주택임대차보호법** *필살키* 084~088

① 주거용 건물의 일부를 비주거용으로 사용하는 경우에는 「주택임대차보호법」이 적용되나, 비주거용 건물의 일부를 주거용으로 사용하는 경우에는 「주택임대차보호법」이 적용되지 않는다.

② 저당권자 중간에 주택임차인이 끼어 있는 경우에는 임차인은 누가 경매를 신청하든 항상 경락인에게 임차권을 주장할 수 없다(우선변제는 순서대로 배당을 받음).

③ 주민등록의 신고는 행정청이 수리한 경우에 신고의 효력이 발생한다(행정청에 도달한 때 ×).

④ 임차인이 가족과 함께 주택에 대한 점유를 계속하고 있으면서 가족의 주민등록은 그대로 둔 채 임차인만 주민등록을 일시 다른 곳으로 옮긴 경우에는 대항력을 상실하지 않는다.

⑤ 정확한 지번과 동·호수로 주민등록 전입신고서를 작성·제출하였는데 담당공무원이 착오로 수정을 요구하여, 임차인이 잘못된 지번으로 수정하고 동·호수 기재를 삭제한 주민등록 전입신고서를 다시 작성·제출하여 그대로 주민등록이 된 경우에는 대항력이 인정되지 않는다.

⑥ 자기 명의의 주택을 매도하면서 동시에 그 주택을 임차하는 경우, 매도인이 임차인으로서 가지는 대항력은 매수인 명의의 소유권이전등기가 경료된 다음 날부터 발생한다.

⑦ 임차인이 주택의 인도를 받고 전입신고와 확정일자를 받은 익일에 동일자로 저당권이 설정되고 그 저당권이 실행된 경우에도 임차인은 경락인에게 임차권을 주장할 수 있다.

⑧ 주택임차인이 대항력을 갖춘 후 임차주택의 소유권이 제3자에게 양도된 경우에는 임대인의 보증금반환채무는 소멸한다(양도 전에 발생한 연체차임은 승계 ×).

⑨ 임차주택의 양수인이 보증금반환채무를 부담하게 된 이후에는 임차인이 주민등록을 옮기더라도 양수인의 보증금반환채무는 소멸하지 않는다.

⑩ 주택임차인이 대항력을 갖춘 후 임대인이 채권담보를 목적으로 임차주택을 제3자에게 양도한 경우, 임대인은 보증금반환의무를 면하지 못한다.

⑪ 임차인이 스스로 보증금반환청구소송의 확정판결에 기한 경매를 신청하는 경우에는 별도로 배당요구를 할 필요가 없다.

⑫ 소액보증금의 임차인이 임차주택의 경매절차에서 최우선변제를 받지 못하더라도, 임차주택의 경락인에 대하여 소액보증금의 우선변제를 요구할 수는 없다.

⑬ 임차권등기명령의 집행에 따른 임차권등기가 끝난 주택을 그 이후에 임차한 임차인은 임차주택의 환가대금에서 보증금 중 일정액에 대해 우선변제를 받을 권리가 없다.

⑭ 임차인이 계약갱신요구권을 행사한 후 임차주택의 소유권을 취득한 자는 계약갱신요구권 행사기간 내에는 실거주를 이유로 임차인의 계약갱신요구를 거절할 수 있다.

상가건물 임대차보호법

① 「상가건물 임대차보호법」의 적용을 받기 위한 환산보증금의 범위

지역	환산보증금의 범위
서울특별시	9억원 이하
수도권 과밀억제권역 및 부산광역시	6억 9천만원 이하
광역시 등	5억 4천만원 이하
기타	3억 7천만원 이하

② 환산보증금이 위 ①의 금액을 초과하여도 인정되는 제도 : 차임증감청구권(증액청구 시 5% 초과 ○), 권리금보호, 계약갱신요구권, 차임연체와 해지, 대항력, 표준계약서의 작성(우선변제권 ×, 최단존속기간 ×, 임차권등기명령제도 ×)

③ 상가건물이 수인의 공유인 경우 임대차계약을 체결하는 행위, 임대차계약을 해지하는 행위, 임대인이 임차인에게 갱신거절의 통지를 하는 행위 모두 공유물의 관리행위에 해당한다.

④ 차임연체와 해지 비교

지상권	민법상 임대차	주택임대차	상가임대차
2년 이상의 지료체납	2기의 차임연체	2기의 차임연체	3기의 차임연체

⑤ 임차인이 임차한 건물을 중대한 과실로 전부 파손한 경우, 임대인은 권리금회수의 기회를 보호할 필요가 없다.

⑥ 권리금회수의 방해로 인한 임차인의 임대인에 대한 손해배상청구권은 임대차가 종료한 날로부터 3년 이내에 행사하지 않으면 시효의 완성으로 소멸한다.

⑦ 임대인이 임차인의 계약갱신요구를 거절할 수 있는 경우에는 임대인은 임차인의 권리금 회수기회를 보호할 필요가 없다.

집합건물의 소유 및 관리에 관한 법률

① 구분건물이 되기 위한 요건 : 구조상·이용상의 독립성 + 구분행위

② 구분행위로 인정받기 위해서 등기부에 구분건물로 등기되거나 집합건축물대장에 등록될 필요는 없다(분양계약이나 건축허가 신청만으로도 됨).

③ 법정공용부분은 등기할 필요가 없으나, 규약공용부분은 등기가 필요하다.

④ 공용부분에 관한 물권의 득실변경은 등기를 요하지 아니한다.

⑤ 각 공유자는 공용부분을 그 용도에 따라 사용할 수 있다.

⑥ 아파트의 특별승계인은 전 입주자의 체납관리비 중 공용부분에 관하여는 이를 승계하여야 한다.

⑦ 공용부분 관리비에 대한 연체료는 특별승계인에게 승계되는 공용부분 관리비에 포함되지 않는다.

⑧ 구분소유권의 특별승계인은 구분소유권을 다시 제3자에 이전한 경우에도, 이전 구분소유자들의 채무를 중첩적으로 인수한다.

⑨ 관리인에게 부정한 행위나 그 밖에 그 직무를 수행하기에 적합하지 아니한 사정이 있을 때에는 각 구분소유자는 관리인의 해임을 법원에 청구할 수 있다.

⑩ 관리단집회는 구분소유자 전원의 동의가 있는 때에는 소집절차를 거치지 아니하고 소집할 수 있다 (이 경우에는 통지하지 않은 사항에 대해서도 결의 ○).

⑪ **공동의 이익에 어긋나는 행위를 한 자에 대한 조치** : 위반행위 정지청구, 전유부분의 사용금지청구, 전유부분 및 대지사용권의 경매청구, 점유자에 대한 전유부분의 인도청구

⑫ 전유부분의 사용금지청구는 관리인 또는 관리단집회의 결의에 의하여 지정된 구분소유자가 관리단집회의 결의에 기하여 소로써 행사하여야 한다.

⑬ 입주자대표회의가 공동주택의 구분소유자를 대리하여 공용부분 등의 구분소유권에 기초한 방해배제청구 등의 권리를 행사할 수 없다.

⑭ 숫자 정리

구분	내용
보존행위	각자
공용부분의 관리	과반수
공용부분의 변경	3분의 2
권리변동을 일으키는 공용부분의 변경	5분의 4
콘도 공용부분의 변경	과반수
권리변동을 일으키는 콘도 공용부분의 변경	3분의 2
관리단집회 결의	과반수
규약의 설정·변경·폐지	4분의 3
전유부분의 사용금지청구	4분의 3
구분소유권·대지사용권의 경매청구	4분의 3
전유부분의 점유자에 대한 인도청구	4분의 3
재건축 결의	5분의 4
재건축 결의 내용의 변경	5분의 4

재건축참가 여부에 대한 확답촉구에 대한 회답	촉구를 받은 날로부터 2개월
콘도 재건축 결의	3분의 2
관리인의 선임	구분소유자가 10인 이상
관리단의 구성원	구분소유자 전원
관리인의 사무보고	매년 1회 이상
정기관리단집회	매년 회계연도 종료 후 3개월
임시관리단집회	구분소유자의 5분의 1 이상
관리단집회 소집통지	집회일 1주일 전
소집절차의 생략	전원의 동의
서면 또는 전자적 방법에 의한 결의	4분의 3 이상의 합의
건물의 주요구조부와 지반공사에 대한 담보책임	10년
그 외의 하자에 대한 담보책임	5년

POINT 19 가등기담보 등에 관한 법률   *필살카* 095~096

① 「가등기담보 등에 관한 법률」은 소비대차에 기한 채권을 담보할 목적으로 부동산에 가등기 또는 소유권이전등기를 하고, 대물변제 예약 당시의 가액이 차용액과 이에 붙인 이자를 합산한 액수를 초과하는 경우에 적용된다.

② 예약 당시의 목적물의 가액이 차용액과 이에 붙인 이자를 합산한 액수에 미달하는 경우에는 청산금의 평가액을 통지할 필요가 없다.

③ 공사대금채권을 담보하기 위한 경우에는 「가등기담보 등에 관한 법률」이 적용되지 않는다.

④ 가등기담보권의 실행으로 청산절차가 종료된 후 담보목적물에 대하여 사용·수익권을 가지는 자는 가등기담보권자인 채권자이다.

⑤ 가등기담보권자는 그 선택에 따라 권리취득에 의해 실행하거나 목적부동산의 경매를 청구할 수 있다.

⑥ 가등기담보권자가 경매를 청구하는 방법을 선택하여 경매절차가 진행 중인 경우에는 가등기에 기한 본등기를 청구할 수 없다.

⑦ **권리취득에 의한 실행순서** : 변제기 도래 → 실행통지 → 청산기간(2개월) 경과 → 청산금 지급 → 소유권 취득

⑧ 처분정산형의 담보권실행은 「가등기담보 등에 관한 법률」상 허용되지 않는다.

⑨ 채권자가 나름대로 평가한 청산금 액수가 객관적인 청산금 평가액에 미달하더라도 담보권실행통지로서의 효력은 인정된다.

⑩ 채무자는 청산금채권을 변제받을 때까지 피담보채무를 변제하고 채권담보의 목적으로 경료된 소유권이전등기 또는 가등기의 말소를 청구할 수 있다.

⑪ 후순위권리자는 '청산기간에 한정하여' 그 피담보채권의 변제기 도래 전이라도 목적부동산의 경매를 청구할 수 있다.

POINT 20 부동산 실권리자명의 등기에 관한 법률   *필살귀* 097~100

① **적용 제외** : 양도담보, 가등기담보, 상호명의신탁(구분소유적 공유), 신탁법상의 신탁

② **적용 특례** : 종중이 종중원 명의로 등기한 경우, 종교단체의 산하조직이 종교단체의 명의로 등기한 경우, 배우자 간 명의신탁은 탈법목적이 없는 한 유효하다.

③ 명의신탁이 유효한 경우, 대외적인 소유권은 수탁자에게 있으므로 수탁자만 직접 불법점유자를 상대로 소유권에 기한 방해제거를 청구할 수 있다(신탁자는 대위행사만 가능함).

④ 이자 간 명의신탁의 경우, 신탁자는 명의신탁해지를 원인으로 수탁자에게 소유권이전등기를 청구할 수 없다.

⑤ 이자 간 명의신탁의 경우, 수탁자가 신탁부동산을 처분하여 제3자가 유효하게 소유권을 취득한 후 다시 신탁부동산의 소유권을 취득하였더라도, 신탁자는 수탁자에게 소유권에 기한 물권적 청구권을 행사할 수 없다.

⑥ 등기명의신탁의 경우, 신탁자는 매도인을 상대로 매매대금의 반환을 청구할 수 없다.

⑦ 등기명의신탁의 경우, 신탁자는 수탁자에게 직접 소유권이전등기의 말소를 청구할 수 없다(원소유자의 물권적 청구권을 대위행사하는 것만 가능함).

⑧ 계약명의신탁에 있어서 매도인이 선의인 경우, 매매계약과 등기에 의한 물권변동은 유효하다.

⑨ 「부동산 실권리자명의 등기에 관한 법률」 시행 후에 계약명의신탁이 이루어진 경우, 신탁자는 수탁자를 상대로 매수자금에 대한 부당이득반환청구만 할 수 있다.

⑩ 명의신탁유형 비교

구분	이자 간 명의신탁	등기명의신탁	계약명의신탁
명의신탁약정	무효	무효	무효
등기	무효	무효	유효 (매도인이 선의인 경우)
소유자	신탁자	원소유자	수탁자 (매도인이 선의인 경우)
제3자 보호	선의·악의 불문하고 보호 ○	선의·악의 불문하고 보호 ○	선의·악의 불문하고 보호 ○

마무리

100선

PART 01 민법총칙

필살키 pp.10~11　합격서 pp.11~12

필살키 001　권리의 변동

원시취득에 해당하는 것을 모두 고른 것은? (다툼이 있으면 판례에 따름)

- ㉠ 설정계약에 의한 지상권의 취득
- ㉡ 부동산점유취득시효의 완성에 의한 소유권의 취득
- ㉢ 상속에 의한 소유권의 취득
- ㉣ 매장물발견에 의한 소유권의 취득
- ㉤ 매매로 인한 소유권이전등기청구권의 취득

① ㉠, ㉢　　　　　② ㉡, ㉣
③ ㉠, ㉢, ㉣　　　④ ㉠, ㉢, ㉤
⑤ ㉡, ㉣, ㉤

해설

- ㉠ 설정계약에 의한 지상권의 취득은 승계취득에 해당한다.
- ㉡ 부동산점유취득시효의 완성에 의한 소유권의 취득은 원시취득에 해당한다.
- ㉢ 상속에 의한 소유권의 취득은 승계취득에 해당한다.
- ㉣ 매장물발견에 의한 소유권의 취득은 원시취득에 해당한다.
- ㉤ 매매로 인한 소유권이전등기청구권의 취득은 원시취득에 해당한다.

정답 ⑤

필살키 pp.10~11　합격서 p.12

필살키 002　준법률행위

준법률행위인 것은? (다툼이 있으면 판례에 따름)

① 매매계약의 해제
② 착오에 의한 의사표시의 취소
③ 저당권의 포기
④ 채권양도의 통지
⑤ 임대차계약의 해지

해설

준법률행위(準法律行爲)는 법률적 행위라 하는데, 의사표시를 제외한 모든 인간의 적법한 행위를 총칭하는 말이다. 준법률행위는 표현행위와 비표현행위(사실행위)로 나눌 수 있다. 표현행위는 의사의 통지, 관념의 통지, 감정의 표시로 나눌 수 있고, 사실행위는 순수사실행위와 혼합사실행위로 나눌 수 있다. 채권양도의 통지·승낙은 관념의 통지로서 준법률행위에 해당한다.

+PLUS　의사의 통지와 관념의 통지

의사의 통지	• 최고 • 거절
관념의 통지	• 각종의 통지 • 채권양도의 통지·승낙 • 대리권수여의 표시

정답 ④

필살키 003   법률행위의 종류

다음 중 연결이 <u>잘못된</u> 것은?

① 재단법인설립행위 – 상대방 없는 단독행위
② 추인, 취소 – 상대방 있는 단독행위
③ 전세권설정계약 – 채권행위
④ 임대차 – 의무부담행위
⑤ 저당권설정계약 – 종된 행위

해설

① 유언(유증), 재단법인설립행위, 소유권과 점유권의 포기
  는 상대방 없는 단독행위에 해당한다.
② 동의, 철회, 상계, 추인, 취소, 해제, 해지, 채권의 포기
  (채무면제), 제한물권의 포기, 공유지분의 포기, 취득시
  효 이익의 포기, 수권행위는 상대방 있는 단독행위에 해
  당한다.
③ 전세권설정계약은 사용가치를 이전하는 것이므로 <u>물권
  행위</u>에 해당한다.
④ 임대차는 법적인 의무를 부담하는 행위이므로 채권행위
  에 해당하고, 채권행위는 의무부담행위라고도 한다.
⑤ 저당권설정계약은 금전소비대차계약(주된 행위)을 하면
  서 이에 부수해서 행해지는 계약이라 종된 행위에 해당
  한다.

+PLUS   채권행위와 물권행위

채권행위	• 매매 • 교환 • 임대차
물권행위	• 지상권설정계약 • 전세권설정계약 • 저당권설정계약

정답 ③

필살키 004   법률행위의 요건

다음 법률행위의 요건 중 성질이 <u>다른</u> 것은?
(다툼이 있으면 판례에 따름)

① 대리행위에서 대리권의 존재
② 계약에 있어서 청약과 승낙의 의사표시의 합치
③ 기한부 법률행위에서 기한의 도래
④ 법률행위 내용의 확정성
⑤ 토지거래허가구역 내의 토지거래계약에 관한
  관할관청의 허가

해설

①③④⑤ 효력발생요건에 해당한다.
② <u>성립요건</u>에 해당한다.

+PLUS   특별성립요건 및 특별효력발생요건

특별
성립요건
	• 법인설립행위에 있어서의 설립등기
	• 유언에 있어서의 일정한 방식
	• 형성적 신분행위(혼인, 이혼, 인지, 입양 등)
	  에 있어서의 신고
	• 계약에 있어서의 청약과 승낙의 의사표시
	  의 합치

특별
효력발생
요건
	• 대리에 있어서의 대리권의 존재
	• 조건부·기한부 법률행위에 있어서의 조
	  건의 성취와 기한의 도래
	• 유언에 있어서의 유언자의 사망
	• 「부동산 거래신고 등에 관한 법률」상의
	  토지거래허가구역 내의 토지거래계약에
	  있어서의 관할관청의 허가

정답 ②

필살키 005 단속법규와 효력법규

효력법규가 아닌 것은? (다툼이 있으면 판례에 따름)

① 「공인중개사법」상 개업공인중개사가 중개의 뢰인과 직접 거래를 하는 행위를 금지하는 「공인중개사법」 관련 규정

② 의료인이나 의료법인 등이 아닌 자가 의료기 관을 개설하여 운영하는 것을 금지하는 「의료법」 관련 규정

③ 투기를 방지하기 위하여 중간생략등기를 금지하는 「부동산 거래신고 등에 관한 법률」상의 토지거래허가규정

④ 증권회사 또는 그 임·직원의 부당권유행위를 금지하는 「자본시장과 금융투자업에 관한 법률」 관련 규정

⑤ 임대의무기간 경과 전에 임대주택의 매각을 금지하는 「민간임대주택에 관한 특별법」 관련 규정

해설

① 단속법규에 해당한다.
②③④⑤ 효력법규에 해당한다.

+PLUS 단속법규

• 무허가·무신고·무검사 영업을 금지하는 규정
• 중간생략등기를 금지하는 「부동산등기 특별조치법」 관련 규정
• 투자일임매매를 제한하는 「자본시장과 금융투자업에 관한 법률」 관련 규정
• 「주택법」상의 전매금지규정
• 개업공인중개사가 중개의뢰인과 직접 거래하는 행위를 금지하는 「공인중개사법」 관련 규정

정답 ①

필살키 006 반사회적 법률행위

반사회적 법률행위가 아닌 것은? (다툼이 있으면 판례에 따름)

① 형사사건에 관하여 체결된 성공보수약정

② 수사기관에서 참고인으로 자신이 잘 알지 못하는 내용에 대하여 허위의 진술을 하고 그 대가로 일정한 급부를 받기로 하는 약정

③ 부첩관계의 종료를 해제조건으로 하여 첩에게 한 증여계약

④ 도박채무를 변제하기 위해 채무자가 자기 소유의 부동산에 대한 처분권한을 도박채권자에게 수여한 행위

⑤ 사용자가 노조간부에게 조합원들의 임금인상 요구를 무마하여 주는 대가로 금원을 지급하기로 하는 약정

해설

①②③⑤ 반사회적 법률행위로서 무효이다.
④ 도박채무를 변제하기 위해 채무자로부터 부동산의 처분을 위임받은 채권자가 그 부동산을 제3자에게 매도한 경우, 도박채무부담행위와 그 변제의 약정 및 변제약정의 이행행위(부동산처분대금으로 도박채무의 변제에 충당하는 것)는 무효이나, <u>부동산처분에 관한 대리권을 도박채권자에게 수여한 행위는 유효하다.</u>

정답 ④

필살키 007   이중매매

甲은 자신의 X부동산을 乙에게 매도하고 계약금과 중도금을 지급받았다. 그 후 이 사실을 알고 있는 丙은 甲과 X부동산에 대한 매매계약을 체결하고 자신의 명의로 소유권이전등기를 마쳤다. 다음 설명으로 <u>틀린</u> 것은? (다툼이 있으면 판례에 따름)

① 丙은 X부동산의 소유권을 취득한다.

② 乙은 최고 없이 甲과 체결한 X부동산에 대한 매매계약을 해제할 수 있다.

③ 甲의 배임행위에 丙이 적극가담한 경우에는 乙은 甲을 대위하여 丙에게 소유권이전등기의 말소를 청구할 수 있다.

④ 甲의 배임행위에 丙이 적극가담하고 선의의 丁이 X부동산을 丙으로부터 매수하여 이전등기를 받은 경우에는, 丁은 甲과 丙의 매매계약의 유효를 주장할 수 없다.

⑤ 甲이 乙에게 건물을 인도한 경우 丙이 乙에게 X부동산에 대한 반환을 청구한 때에는 乙은 甲에 대한 손해배상청구권을 피담보채권으로 하는 유치권을 주장할 수 있다.

해설

① 이중매매는 원칙적으로 유효하고, 丙이 위 사실을 알고 계약을 한 것만으로는 甲의 배임행위에 丙이 적극적으로 가담한 것으로 볼 수 없으므로 丙은 X부동산의 소유권을 취득한다.

② 乙은 이행불능을 이유로 최고 없이 甲과의 매매계약을 해제할 수 있다.

③ 이중매매가 반사회적 법률행위로 되는 경우 제1매수인은 제2매수인에 대해 직접 그 명의의 소유권이전등기의 말소를 청구할 수는 없고, 매도인을 대위(代位)하여 제2매수인에 대해 그 명의의 소유권이전등기의 말소를 청구할 수 있다.

④ 이중매매가 반사회적 법률행위에 해당되어 무효가 되는 경우 그 무효는 절대적 무효로써 선의의 제3자에게도 대항할 수 있으므로, 당해 부동산을 제2매수인으로부터 다시 취득한 제3자는 설사 제2매수인이 당해 부동산의 소유권을 유효하게 취득한 것으로 믿었다고 하더라도 부동산의 소유권을 취득하지 못한다. 따라서 선의의 丁이 X부동산을 丙으로부터 매수하여 이전등기를 받았더라도 丁은 甲과 丙의 매매계약의 유효를 주장할 수 없다.

⑤ 乙의 甲에 대한 손해배상청구권은 사람의 배신행위로 인한 손해배상청구권으로서 <u>채권과 목적물 사이의 견련성이 인정되지 않는다</u>. 따라서 乙은 丙에게 유치권을 주장하여 <u>X부동산의 인도를 거절할 수 없다</u>.

정답 ⑤

필살키 008 　불공정한 법률행위

불공정한 법률행위에 관한 설명으로 옳은 것은? (다툼이 있으면 판례에 따름)

① 증여계약과 같이 아무런 대가관계 없이 당사자 일방이 상대방에게 일방적인 급부를 하는 법률행위도 불공정한 법률행위에 해당될 수 있다.

② 대리인에 의해 법률행위가 이루어진 경우, 경솔과 무경험은 본인을 기준으로 판단하여야 한다.

③ 불공정한 법률행위가 성립되기 위한 요건인 궁박·경솔·무경험은 모두 구비되어야 하고, 어느 일부만으로는 불공정한 법률행위가 되지 아니한다.

④ 불공정한 법률행위의 요건으로서의 궁박은 경제적 원인에 기인한 경우만을 가리키고, 정신적 또는 심리적 원인에 기인한 경우에는 궁박이 될 수 없다.

⑤ 불공정한 법률행위에 무효행위의 전환에 관한 규정이 적용될 수 있다.

해설

① 증여계약과 같이 아무런 대가관계 없이 당사자 일방이 상대방에게 일방적인 급부를 하는 법률행위는 <u>불공정한 법률행위에 해당될 수 없다.</u>

② 대리인에 의해 법률행위가 이루어진 경우, <u>궁박은 본인을 기준으로 판단하여야 하고</u>, <u>경솔과 무경험은 대리인을 기준으로 판단하여야 한다.</u>

③ 궁박·경솔·무경험은 모두 구비해야 하는 것은 아니고 <u>세 가지 중 어느 하나만 갖추면 족하다.</u>

④ 궁박이라 함은 '급박한 곤궁'을 의미하는 것으로서 <u>경제적 원인에 기인할 수도 있고, 정신적 또는 심리적 원인에 기인할 수도 있다.</u>

⑤ 판례는 무효행위의 전환에 관한 제138조는 불공정한 법률행위에 적용될 수 있다고 보고 있다.

정답 ⑤

필살키 009 　오표시무해의 원칙

매도인 甲과 매수인 乙은 甲 소유의 X토지(지번 969-39)를 같이 둘러보고 그 토지를 매매의 목적물로 하는 매매계약에 합의를 하였으나, 그 목적물의 지번에 관하여 착오를 일으켜 甲 소유의 Y토지(지번 969-36)를 매매의 목적물로 표시한 매매계약서를 작성하고 말았다. 그 후 乙 앞으로 Y토지에 대하여 소유권이전등기가 경료되었고, 乙은 이를 다시 丙에게 처분하고 소유권이전등기까지 마쳤다. 다음 설명 중 옳은 것은? (다툼이 있으면 판례에 따름)

① 매매계약은 Y토지에 관하여 성립한다.

② 甲은 Y토지에 관한 매매계약을 착오를 이유로 취소할 수 있다.

③ Y토지에 대해 乙 앞으로 된 소유권이전등기는 유효하다.

④ 丙이 선의인 경우 공신의 원칙에 기하여 Y토지의 소유권을 취득한다.

⑤ 물권변동은 X토지와 Y토지 모두에 일어나지 않는다.

해설

① 계약서에 Y토지로 잘못 표시했더라도 오표시무해의 원칙에 의하여 매매계약은 <u>X토지에 관하여 성립한다.</u>

② Y토지에 대해 매매계약이 <u>성립조차 한 바 없으므로</u> 甲은 Y토지에 관한 매매계약을 <u>착오를 이유로 취소할 수 없다.</u>

③ Y토지에 대해 乙 앞으로 된 소유권이전등기는 <u>원인무효의 등기이므로 무효이다.</u>

④ <u>등기의 공신력이 인정되지 않으므로</u> 乙에게 소유권이 있다고 믿고 거래한 <u>丙이 Y토지의 소유권을 취득하지 못한다.</u>

⑤ 법률행위로 인한 부동산물권변동의 경우에는 물권행위와 등기가 모두 있어야 물권변동의 효력이 생긴다. 그런데 X토지는 물권행위는 있으나 등기가 없고, Y토지는 등기는 있으나 물권행위가 없으므로 두 토지 모두 물권변동이 생기지 않는다.

정답 ⑤

필살키 010   비진의표시

비진의표시에 관한 설명으로 틀린 것은?

① 진의란 표의자가 진정으로 마음속에서 바라는 사항을 의미하는 것이 아니라 특정한 내용의 의사표시를 하고자 하는 표의자의 생각을 말한다.

② 물의를 일으킨 사립대학교 조교수가 사직원이 수리되지 않을 것이라고 믿고 사태수습의 방안으로 사직원을 제출한 행위는 원칙적으로 유효하다.

③ 근로자가 회사의 경영방침에 따라 사직원을 제출하고 회사가 이를 받아들여 퇴직처리를 하였다가 즉시 재입사하는 형식을 취한 경우 이는 무효이다.

④ 학교법인이 「사립학교법」상의 제한규정 때문에 교직원의 명의를 빌려서 금원을 차용한 경우 그 교직원은 대출금채무를 변제할 책임이 없다.

⑤ 공무원이 사직원을 제출하여 의원면직처분을 한 경우 비록 사직할 뜻이 아니었다고 하더라도 표시된 대로 효력을 발생한다.

해설

① 비진의표시에서 말하는 진의는 표의자가 진정으로 마음속에서 바라는 사항이 아니고, 특정한 내용의 의사표시를 하고자 하는 표의자의 생각을 말한다.

② 조교수의 의사표시는 비진의표시에 해당하고 이는 원칙적으로 유효하다.

③ 재입사형식을 취했으니까 회사도 근로자에 사직의 의사가 없다는 것을 아는 경우이므로 근로자의 사직원제출행위는 제107조 제1항 단서에 의하여 무효가 된다.

④ 이 경우에는 교직원의 금원차용행위는 <u>정상적 의사표시</u>에 해당하므로 교직원은 대출금채무를 변제하여야 한다.

⑤ 공법행위에는 의사표시에 관한 규정(제107조 내지 제110조)이 적용되지 않으므로 공무원이 사직원을 제출하여 의원면직처분을 한 경우는 항상 유효하다.

정답 ④

필살키 011   통정허위표시

甲은 채권자들로부터 강제집행을 당할 것을 대비하여 친구인 乙과 짜고 자기 소유의 건물을 매도한 것처럼 乙에게 소유권이전등기를 해 두었다. 그런데 乙이 등기명의인이 된 것을 기화로 하여 이를 丙에게 매도하고 소유권이전등기를 해 주었다. 다음 설명 중 옳은 것은? (다툼이 있으면 판례에 따름)

① 丙이 가장매매사실에 관해 악의인 경우에도 甲은 丙에게 건물의 반환을 청구할 수 없다.

② 丙이 악의인 경우 甲의 채권자는 甲의 丙에 대한 소유물반환청구권을 대위행사할 수 없다.

③ 丙이 가장매매사실에 관해 선의인 경우에는 이후에 가장매매인 것을 알게 되었다면 위 계약의 무효를 주장할 수 있다.

④ 丙이 가장매매사실에 대해 과실이 있는 경우에는 소유권을 취득할 수 없다.

⑤ 丙이 선의인 경우에도 丙으로부터 건물을 매수한 丁이 악의인 때에는 丁은 소유권을 취득할 수 없다.

해설

① 통정허위표시의 무효를 가지고 선의의 제3자에게 대항하지 못하므로, <u>악의의 제3자에게는 대항할 수 있다</u>. 따라서 甲은 악의의 丙에게 건물의 반환을 청구할 수 있다.

② 丙이 악의인 경우 甲의 채권자는 甲의 丙에 대한 소유물반환청구권을 <u>대위행사할 수 있다</u>.

③ 선의의 제3자 스스로 무효를 주장하는 것은 무방하다.

④ 제3자로서 보호받기 위해서는 선의이면 족하고, <u>무과실까지는 필요 없다</u>. 따라서 丙은 가장매매사실에 대해 과실이 있더라도 소유권을 취득할 수 있다.

⑤ 제3자가 선의인 경우 제3자로부터 권리를 취득한 <u>전득자(轉得者)는 악의일지라도 유효하게 권리를 취득한다(엄폐물의 법칙)</u>.

정답 ③

필살키 012 제108조 제2항의 제3자

통정허위표시의 무효는 선의의 '제3자'에게 대항하지 못한다는 규정의 '제3자'에 해당하는 자를 모두 고른 것은? (다툼이 있으면 판례에 따름)

> ㉠ 파산자가 상대방과 통정한 허위의 의사표시에 의해 성립된 가장채권을 보유하고 있다가 파산선고가 된 경우의 파산관재인
> ㉡ 가장매매의 매수인으로부터 매매계약에 기한 소유권이전등기청구권을 보전하기 위하여 가등기를 경료한 자
> ㉢ 채권의 가장양도에 있어서의 채무자
> ㉣ 가장소비대차에 있어서 대주의 지위를 이전받은 자

① ㉠, ㉡
② ㉠, ㉢
③ ㉡, ㉢
④ ㉡, ㉣
⑤ ㉢, ㉣

해설

㉠ 파산자가 상대방과 통정한 허위의 의사표시에 의해 성립된 가장채권을 보유하고 있다가 파산선고가 된 경우의 파산관재인은 제3자에 해당한다. 또한 파산채권자 모두가 악의로 되지 않는 한 파산관재인은 선의의 제3자에 해당한다.
㉡ 가장매매의 매수인으로부터 매매계약에 기한 소유권이전등기청구권을 보전하기 위하여 가등기를 경료한 자는 제3자에 해당한다.
㉢ 채권의 가장양도에 있어서의 채무자는 제108조 제2항의 제3자에 해당하지 않는다.
㉣ 가장소비대차에 있어서 대주의 지위를 이전받은 자(계약 이전)는 제3자에 해당하지 않는다.

정답 ①

필살키 013 착오로 인한 의사표시

착오로 인한 의사표시에 관한 설명으로 틀린 것은? (다툼이 있으면 판례에 따름)

① 재건축조합이 재건축아파트 설계용역계약을 체결함에 있어서 상대방의 건축사자격 유무를 조사하지 않은 것은 중대한 과실에 해당한다.
② 매도인이 계약을 적법하게 해제한 후라도 매수인은 착오를 이유로 계약을 취소할 수 있다.
③ 착오가 표의자의 중대한 과실로 인한 경우 상대방이 표의자의 착오를 알고 이용한 때에는 표의자는 의사표시를 취소할 수 있다.
④ 당사자가 합의한 매매목적물의 지번에 관하여 착오를 일으켜 계약서상 목적물의 지번을 잘못 표시한 경우, 그 계약을 취소할 수 없다.
⑤ 표의자의 중대한 과실 유무는 착오에 의한 의사표시의 효력을 인정하는 자가 입증하여야 한다.

해설

① 일반사람이 자신이 일을 맡긴 상대방이 전문적인 자격증을 소지한 사람인지 아닌지를 손쉽게 확인할 수 있는 것이 아니므로 위의 경우는 중대한 과실에 해당하지 않는다.
② 매도인이 계약을 적법하게 해제한 후라도 매수인은 계약금을 돌려받거나 손해배상책임을 면하기 위하여 착오를 이유로 계약을 취소할 수 있다.
③ 착오가 표의자의 중대한 과실로 인한 경우에도 상대방이 표의자의 착오를 알고 이용한 경우에는 표의자는 의사표시를 취소할 수 있다.
④ 이는 오표시무해의 원칙에 의해 당사자가 합의한 목적물에 관해 매매계약이 성립하므로 착오를 이유로 계약을 취소할 수 없다.
⑤ 표의자의 중대한 과실 유무는 착오에 의한 의사표시의 효력을 인정하는 자(상대방)가 입증하여야 한다.

정답 ①

필살키 014   착오와 타 제도와의 관계

착오에 관한 설명으로 옳은 것을 모두 고른 것은? (다툼이 있으면 판례에 따름)

ⓗ 매도인의 하자담보책임이 성립하더라도 착오를 이유로 한 매수인의 취소권은 배제되지 않는다.

ⓒ 경과실로 인해 착오에 빠진 표의자가 착오를 이유로 의사표시를 취소한 경우, 상대방에 대하여 불법행위로 인한 손해배상책임을 진다.

ⓒ 착오가 타인의 기망행위에 의해 발생한 경우, 표의자는 각각 그 요건을 입증하여 주장할 수 있다.

ⓔ 제3자의 기망행위에 의하여 신원보증서류에 서명날인한다는 착각에 빠진 상태로 연대보증의 서면에 서명날인한 경우에는 사기를 이유로 연대보증계약을 취소할 수 있다.

---

① ㉠, ㉡   ② ㉠, ㉢

③ ㉠, ㉣   ④ ㉡, ㉢

⑤ ㉡, ㉣

해설

㉠ 담보책임과 착오는 병존하므로 매도인의 하자담보책임이 성립하더라도 매수인은 착오를 이유로 매매계약을 취소할 수 있다.

㉡ 표의자에게 경미한 과실이 있더라도 표의자는 착오를 이유로 자신의 의사표시를 취소할 수 있고, 또 이는 적법하므로 상대방은 표의자에게 불법행위를 이유로 손해배상청구를 할 수 없다.

㉢ 착오와 사기가 경합하는 경우, 즉 착오가 타인의 기망행위에 의해 발생한 경우 표의자는 각각 그 요건을 입증하여 주장할 수 있다.

㉣ 서명날인의 착오는 착오문제로 다룬다. 따라서 제3자의 기망행위에 의하여 신원보증서류에 서명날인한다는 착각에 빠진 상태로 연대보증의 서면에 서명날인한 경우에는 제110조 제2항에 정한 사기에 의한 의사표시의 법리가 적용되지 않는다. 이 경우에는 사기를 이유로 취소할 수는 없고, 제109조의 요건을 갖춘 경우 착오를 이유로 취소할 수 있다.

정답 ②

필살키 015 사기·강박에 의한 의사표시

하자 있는 의사표시에 관한 설명으로 틀린 것을 모두 고른 것은?

> ㉠ 분양회사가 상가를 분양하면서 그곳에 첨단 오락타운을 조성하여 수익을 보장한다는 다소 과장광고를 한 것은 사기에 해당한다.
> ㉡ 대형백화점의 변칙세일로 물건을 구매한 매수인은 사기를 이유로 계약을 취소할 수 있다.
> ㉢ 강박으로 의사결정의 자유가 완전히 박탈된 상태에서 이루어진 의사표시는 무효이다.
> ㉣ 제3자의 사기로 계약을 체결한 경우, 표의자는 그 계약을 취소하지 않으면 그 제3자에게 불법행위책임을 물을 수 없다.

① ㉠, ㉢

② ㉠, ㉣

③ ㉡, ㉢

④ ㉡, ㉣

⑤ ㉢, ㉣

해설

㉠ 다소 과장광고를 하는 것은 기망행위의 위법성이 인정되지 않으므로 이는 사기에 해당하지 않는다.
㉡ 대형백화점의 변칙세일은 기망행위의 위법성이 인정되므로, 물건을 구매한 매수인은 사기를 이유로 계약을 취소할 수 있다.
㉢ 의사결정의 자유가 제한된 경우에는 강박으로서 취소할 수 있으나, 강박으로 의사결정의 자유가 완전히 박탈된 상태에서 이루어진 의사표시는 무효이다.
㉣ 사기를 이유로 취소할 건지 제3자에게 불법행위를 이유로 손해배상을 청구할 건지는 표의자의 자유이다. 따라서 표의자는 그 계약을 취소하지 않고 곧바로 제3자에게 불법행위를 이유로 손해배상을 청구할 수 있다.

정답 ②

필살키 016 의사표시의 효력발생

의사표시의 효력발생에 관한 설명으로 틀린 것은? (다툼이 있으면 판례에 따름)

① 표의자가 의사표시를 발신한 후 사망하거나 제한능력자가 되어도 의사표시의 효력에 영향을 미치지 아니한다.
② 의사표시의 상대방이 의사표시를 받은 때에 제한능력자인 경우에는 표의자는 원칙적으로 그 의사표시로써 대항할 수 없다.
③ 우편물이 내용증명우편이나 등기취급의 방법으로 발송되고 반송되지 않았다면 특별한 사정이 없는 한 그 의사표시는 도달된 것으로 본다.
④ 채권양도의 통지서를 가정부가 수령한 직후 한집에 사는 채권양도인이 우편물을 바로 회수하였더라도 채권양도의 통지는 채무자에게 도달한 것으로 볼 수 있다.
⑤ 표의자가 과실 없이 상대방을 알지 못하거나 상대방의 소재를 알지 못하는 경우에는 의사표시는 「민사소송법」 공시송달의 규정에 의하여 송달할 수 있다.

해설

① 표의자가 의사표시를 발신한 후 사망하거나 제한능력자가 되어도 의사표시의 효력에 영향이 없다.
② 법정대리인이 도달사실을 알지 못하는 한 표의자는 의사표시로써 대항할 수 없다.
③ 우편물이 내용증명우편이나 등기취급의 방법으로 발송되고 반송되지 않은 경우, 그 무렵에 도달된 것으로 본다.
④ 채권양도의 통지서를 가정부가 수령한 직후 한집에 사는 채권양도인이 우편물을 바로 회수한 경우에는 채권양도의 통지가 채무자에게 도달한 것으로 볼 수 없다.
⑤ 표의자가 과실 없이 상대방을 알지 못하거나 상대방의 소재를 알지 못하는 경우에는 의사표시는 「민사소송법」 공시송달의 규정에 의하여 송달할 수 있는데, 이를 공시송달이라고 한다.

정답 ④

필살키 017 대리권

대리에 관한 설명으로 옳은 것을 모두 고른 것은?

> ㉠ 준법률행위에 대해서는 전혀 대리가 인정되지 않는다.
> ㉡ 매매계약체결의 대리권에는 특별한 사정이 없는 한, 대금수령뿐만 아니라 대금지급기일을 연기해 줄 권한도 포함된다.
> ㉢ 매매계약체결의 대리권에는 계약해제권 등의 처분권을 포함한다.
> ㉣ 권한을 정하지 아니한 대리인은 은행예금을 보다 높은 금리로 개인에게 빌려주는 행위를 할 수 없다.

① ㉣
② ㉠, ㉡
③ ㉠, ㉢
④ ㉡, ㉣
⑤ ㉢, ㉣

해설

㉠ 준법률행위 중 의사의 통지와 관념의 통지에 대해서는 대리가 인정된다.
㉡ 일반적으로 매매계약체결의 대리권에는 대금수령에 관한 권한만 포함되고 대금지급기일을 연기해 줄 권한은 포함되지 않는다. 대금지급기일을 연기할 권한까지 가지려면 매매계약의 체결과 이행에 관해 포괄적으로 대리권을 수여받아야 한다.
㉢ 매매계약체결의 대리권에는 계약해제권 등의 처분권이 포함되지 않는다.
㉣ 개량행위는 대리의 목적인 물건이나 권리의 성질이 변하지 않는 범위 내에서만 허용된다. 따라서 권한을 정하지 아니한 대리인은 은행예금을 보다 높은 금리로 개인에게 빌려주는 행위를 할 수 없다.

정답 ①

필살키 018 대리행위

甲은 미성년자 乙에게 토지를 구입해 줄 것을 부탁하고 필요한 대리권을 수여하였다. 그리고 乙은 甲의 대리인의 자격으로서 丙과 그 소유의 토지에 대하여 매매계약을 체결하였는데, 丙으로부터 사기를 당해 시가보다 비싼 값으로 계약을 체결하였다. 이에 관한 설명으로 옳은 것을 모두 고른 것은? (다툼이 있으면 판례에 따름)

> ㉠ 乙은 甲과의 위임계약을 취소할 수 있다.
> ㉡ 甲은 乙의 제한능력을 이유로 乙이 체결한 매매계약을 취소할 수 있다.
> ㉢ 乙은 사기를 이유로 丙과의 매매계약을 취소할 수 있다.
> ㉣ 사기를 당했는지 여부는 甲을 표준으로 하여 결정한다.

① ㉠
② ㉠, ㉡
③ ㉠, ㉢
④ ㉡, ㉢
⑤ ㉡, ㉢, ㉣

해설

㉠ 乙은 甲과의 위임계약을 제한능력을 이유로 취소할 수 있다.
㉡ 대리인은 행위능력자임을 요하지 아니하므로 甲은 乙의 제한능력을 이유로 乙의 대리행위인 매매계약을 취소할 수 없다.
㉢ 임의대리인은 원칙적으로 취소권이 없고 본인으로부터 취소권에 관한 특별수권이 있어야만 취소할 수 있다.
㉣ 대리행위의 하자는 원칙적으로 대리인 乙을 표준으로 하여 결정한다.

정답 ①

필살키 019 대리효과

甲은 자신의 건물을 매도하기 위해 乙에게 대리권을 수여하였고, 乙은 甲을 위한 것임을 표시하고 건물에 대하여 丙과 매매계약을 체결하였다. 이에 관한 설명으로 틀린 것을 모두 고른 것은? (다툼이 있으면 판례에 따름)

> ㉠ 丙의 채무불이행이 있는 경우, 乙은 매매계약을 해제할 수 있다.
> ㉡ 丙이 매매계약을 적법하게 해제한 경우, 그 해제로 인한 원상회복의무는 甲과 丙이 부담한다.
> ㉢ 丙이 매매계약을 적법하게 해제한 경우, 丙은 乙에게 손해배상을 청구할 수 있다.

① ㉠
② ㉡
③ ㉠, ㉢
④ ㉡, ㉢
⑤ ㉠, ㉡, ㉢

해설

㉠ <u>매매계약체결의 대리권에는 계약해제에 관한 권한은 포함되지 않는다.</u> 따라서 丙의 채무불이행이 있는 경우, 乙은 본인의 특별수권이 없는 한 <u>매매계약을 해제할 수 없다.</u>
㉡ 대리의 경우에는 법률효과의 당사자는 본인과 상대방이다. 따라서 계약해제로 인한 원상회복의무는 甲과 丙이 부담한다.
㉢ 계약의 해제는 손해배상청구에 영향을 미치지 아니하고 해제로 인한 법률효과는 본인에게 귀속한다. 따라서 매매계약을 적법하게 해제한 <u>丙은 甲에게 손해배상을 청구하여야</u> 하고 乙에게는 손해배상을 청구할 수 없다.

정답 ③

필살키 020 복대리

복대리에 관한 설명으로 틀린 것은? (다툼이 있으면 판례에 따름)

① 대리인은 자신의 이름으로 복대리인을 선임한다.
② 복대리인이 본인의 대리인임을 표시하지 아니한 경우, 그 행위는 복대리인 자신을 위한 것으로 본다.
③ 임의대리인이 본인의 승낙이 있거나 부득이한 사유가 있어서 복대리인을 선임한 경우에는 본인에 대하여 그 선임·감독에 관한 책임이 없다.
④ 임의대리인이 본인의 지명에 의하여 복대리인을 선임한 경우에는 그 불성실함을 알고 본인에 대한 통지나 그 해임을 태만한 때가 아니면 책임이 없다.
⑤ 법정대리인은 복대리인을 선임한 때에는 선임·감독상의 과실이 없어도 원칙적으로 본인에 대하여 책임을 진다.

해설

① 복임행위는 대리인이 복대리인에게 대리권을 수여하는 것이므로 대리인은 자신의 이름으로 복대리인을 선임한다.
② 복대리인이 대리행위를 할 때 현명하지 않은 경우, 그 행위는 복대리인 자신을 위한 것으로 본다.
③ 임의대리인이 본인의 승낙이 있거나 부득이한 사유가 있어서 복대리인을 선임한 경우에는 원칙적으로 본인에 대하여 <u>선임·감독상의 과실책임</u>을 진다.
④ 임의대리인이 본인의 지명에 의하여 복대리인을 선임한 경우에는 그 부적임 또는 불성실함을 알고 본인에 대한 통지나 그 해임을 태만한 때에만 책임을 진다.
⑤ 법정대리인은 복대리인을 선임한 때에는 선임·감독상의 과실이 없더라도 원칙적으로 본인에 대하여 책임을 진다.

정답 ③

필살키 021 협의의 무권대리

대리권 없는 乙이 甲을 대리하여 丙에게 甲 소유의 토지를 매도하였다. 판례에 의할 때 옳은 것은? (다툼이 있으면 판례에 따름)

① 丙이 甲에게 상당한 기간을 정하여 매매계약의 추인 여부의 확답을 최고하였으나 甲의 확답이 없었던 경우, 甲이 이를 추인한 것으로 본다.

② 乙이 대리권을 증명하지 못하거나 甲의 추인을 받지 못한 때에는 乙은 丙의 선택에 따라 계약을 이행할 책임 또는 손해를 배상할 책임을 진다.

③ 甲이 매매계약의 내용을 변경하여 추인한 경우, 丙의 동의가 없더라도 추인의 효력이 있다.

④ 甲이 丙에게 추인한 후라도 乙에게 대리권이 없음을 丙이 알지 못하였다면 매매계약을 철회할 수 있다.

⑤ 乙이 甲을 단독상속한 경우, 乙은 丙에게 등기의 말소를 청구할 수 없다.

해설

① 대리권 없는 자가 타인의 대리인으로 계약을 한 경우에 상대방은 상당한 기간을 정하여 본인에게 그 추인 여부의 확답을 최고할 수 있고, 이 경우 본인이 <u>그 기간 내에 확답을 발하지 아니한 때에는 추인을 거절한 것으로 본다.</u>

② 다른 자의 대리인으로서 계약을 맺은 자가 그 대리권을 증명하지 <u>못하고 또</u> 본인의 추인을 받지 못한 경우에는 그는 상대방의 선택에 따라 계약을 이행할 책임 또는 손해를 배상할 책임이 있다.

③ 일부에 대한 추인이나 조건을 붙이거나 변경을 가한 추인은 <u>상대방의 동의가 없는 한</u> 무효이다.

④ 대리권 없는 자가 한 계약은 본인의 추인이 있을 때까지 상대방은 본인이나 그 대리인에 대하여 이를 철회할 수 있다. 따라서 <u>본인이 먼저 추인을 한 경우에는 상대방은 철회권을 행사할 수 없다.</u>

⑤ 무권대리인이 본인을 단독상속한 후 추인거절권을 행사하여 상대방에게 소유권이전등기의 말소를 청구하거나 부당이득반환을 청구하는 것은 신의칙에 반하므로 허용되지 않는다.

정답 ⑤

필살키 022　표현대리

표현대리에 관한 설명으로 틀린 것을 모두 고른 것은?

> ㉠ 표현대리가 성립하더라도 상대방에게 과실이 있는 경우에는 과실상계의 법리를 유추적용하여 본인의 책임을 감경할 수 있다.
> ㉡ 사회통념상 대리권의 존재를 추단할 수 있는 직함이나 명칭 등의 사용을 승낙·묵인한 것은 대리권수여의 표시에 해당한다.
> ㉢ 등기신청권을 수여받은 자가 그 부동산을 대물변제로 제공한 경우에도 제126조의 권한을 넘은 표현대리가 성립할 수 있다.
> ㉣ 대리인이 대리권 소멸 후 복대리인을 선임하여 복대리인으로 하여금 상대방과 사이에 대리행위를 하도록 한 경우에는 제129조의 표현대리가 성립할 수 없다.

① ㉠, ㉡　　　　　　　　　　　② ㉠, ㉢

③ ㉠, ㉣　　　　　　　　　　　④ ㉡, ㉢

⑤ ㉡, ㉣

해설

㉠ 표현대리가 성립하는 경우 본인은 표현대리행위에 기하여 전적인 책임을 져야 하므로, 상대방에게 과실이 있다고 하더라도 과실상계의 법리를 유추적용하여 본인의 책임을 감경할 수는 없다.

㉡ 대리권수여의 표시는 반드시 대리권 또는 대리인이라는 말을 사용하여야 하는 것이 아니라 사회통념상 대리권의 존재를 추단할 수 있는 직함이나 명칭 등의 사용을 승낙·묵인한 경우에도 이에 해당한다.

㉢ 제126조의 권한을 넘은 표현대리의 경우 사인(私人)의 공법행위를 할 권한도 기본대리권에 해당하고, 월권행위는 기본대리권의 행위와 동종·유사할 필요가 없다. 따라서 등기신청권을 수여받은 자가 그 부동산을 대물변제로 제공한 경우에도 제126조의 표현대리가 성립할 수 있다.

㉣ 대리인이 대리권 소멸 후 직접 상대방과 사이에 대리행위를 하는 경우는 물론 대리인이 대리권 소멸 후 복대리인을 선임하여 복대리인으로 하여금 상대방과 사이에 대리행위를 하도록 한 경우에도 제129조의 대리권 소멸 후의 표현대리가 성립할 수 있다.

정답 ③

필살키 023 무효와 취소

법률행위의 무효와 취소에 관한 설명으로 틀린 것은? (다툼이 있으면 판례에 따름)

① 무효인 가등기를 유효한 등기로 전용키로 약정하였더라도 그 가등기는 소급하여 유효한 등기로 전환될 수 없다.

② 무효인 계약의 성립에 기초하여 외견상 있는 것처럼 보이는 의무를 위반한 계약당사자를 상대로 하여 채무불이행을 이유로 손해배상을 청구할 수 없다.

③ 하나의 법률행위의 일부분에만 취소사유가 있다고 하더라도 그 법률행위가 가분적이고 나머지 부분이라도 이를 유지하려는 당사자의 가상적 의사가 인정되는 경우에는 그 일부만을 취소할 수 있다.

④ 미성년자가 법정대리인의 동의 없이 자기 소유물을 매도하고 수령한 대금을 모두 생활비로 사용하였다면, 이는 취소로 인한 현존이익이 없는 경우이므로 대금 전액을 반환할 필요가 없다.

⑤ 취소권자가 취소의 원인이 소멸한 후에 이의를 보류하지 않고 취소할 수 있는 행위로 취득한 권리를 양도한 경우에는 취소권을 포기한 것으로 본다.

해설

① 무효인 가등기를 유효한 등기로 전용키로 한 약정은 그 때부터 유효하게 되고, 소급하여 유효한 등기로 전환될 수는 없다.

② 법률행위가 무효인 경우에는 부당이득반환청구만 허용되고, 채무불이행을 이유로 손해배상을 청구할 수 없다.

③ 일부무효의 법리를 유추적용하여 가분성과 가상적 의사가 있으면 법률행위의 일부만을 취소할 수 있다.

④ 매매대금을 유흥비로 탕진한 경우에는 현존이익이 없으나, 치료비·생활비·물건구입에 지출한 경우에는 현존이익이 있으므로 대금 전액을 반환하여야 한다.

⑤ 이는 법정추인에 해당하므로 취소권을 포기한 것으로 간주한다.

정답 ④

필살키 024 | 토지거래허가구역 내의 토지거래계약

甲은 토지거래허가구역 내의 토지에 관하여 乙과 거래허가를 받기로 하고 매매계약을 체결하였다. 이에 관한 설명으로 옳은 것을 모두 고른 것은? (다툼이 있으면 판례에 따름)

> ㉠ 甲이 허가신청에 대한 협력의무를 이행하지 아니하기로 한 의사표시를 명백히 하면 매매계약은 확정적 무효로 된다.
> ㉡ 토지거래허가신청 전에 甲이 乙에게 계약해제의 통지를 하자 乙이 계약금 상당액을 청구금액으로 하여 토지를 가압류한 경우, 그 매매계약은 확정적 무효로 될 수 있다.
> ㉢ 乙이 토지를 丙에게 전매하고 甲·乙·丙의 중간생략등기 합의에 따라 甲이 丙을 매수인으로 하여 토지거래허가를 받아 丙 명의로 등기가 된 경우, 그 등기는 실체관계에 부합하므로 유효하다.

① ㉠
② ㉡
③ ㉠, ㉡
④ ㉡, ㉢
⑤ ㉠, ㉡, ㉢

해설
㉠ 당사자 쌍방이 허가신청에 대한 협력의무를 이행하지 아니하기로 한 의사표시를 명백히 하여야 확정적 무효로 된다.
㉡ 토지거래허가구역 내의 토지에 관하여 매매계약이 체결된 후 매도인이 매수인에게 채무불이행을 이유로 해약통지를 하자 매수인이 계약금 상당액을 청구금액으로 하여 토지에 대한 가압류를 경료한 경우, 위 매매계약은 가압류 당시 쌍방이 토지거래허가신청을 하지 않기로 하는 의사표시를 명백히 한 경우에 해당하므로 확정적 무효가 되었다고 볼 수 있다.
㉢ 乙이 토지를 丙에게 전매하고 甲·乙·丙의 중간생략등기 합의에 따라 甲이 丙을 매수인으로 하여 토지거래허가를 받아 丙 명의로 등기가 된 경우, 그 등기는 무효이다.

정답 ②

필살키 025 | 조건과 기한

조건과 기한에 관한 설명으로 옳은 것을 모두 고른 것은? (다툼이 있으면 판례에 따름)

> ㉠ 조건의 성취가 미정한 권리·의무는 일반규정에 의하여 담보로 할 수 있다.
> ㉡ 해제조건이 법률행위의 당시에 이미 성취할 수 없는 것인 경우에는 그 법률행위는 무효로 한다.
> ㉢ 기한은 채무자의 이익을 위한 것으로 본다.
> ㉣ 불확정한 사실이 발생한 때를 이행기한으로 정한 경우, 그 사실의 발생이 불가능하게 된 때에도 기한이 도래한 것으로 본다.

① ㉠, ㉡
② ㉠, ㉣
③ ㉡, ㉢
④ ㉡, ㉣
⑤ ㉢, ㉣

해설
㉠ 조건의 성취가 미정한 권리·의무도 일반규정에 의하여 처분, 상속, 보존 및 담보로 할 수 있다.
㉡ 불능조건이 정지조건이면 그 법률행위는 무효이고, 해제조건이면 조건 없는 법률행위로 된다.
㉢ 기한은 채무자의 이익을 위한 것으로 추정한다.
㉣ 당사자가 불확정한 사실이 발생한 때를 이행기로 정한 경우 그 사실이 발생한 때는 물론 그 사실의 발생이 불가능하게 된 때에도 이행기는 도래한 것으로 보아야 한다.

정답 ②

필살키 pp.15~16 합격서 p.57

필살키 026 | 물권법 일반

물권에 관한 설명으로 틀린 것을 모두 고른 것은?

> ㉠ 물권은 물건을 객체로 하여서만 성립하며, 장래에 생길 물건도 물권의 객체가 될 수 있다.
> ㉡ 소유권과 점유권은 병존하며, 제한물권은 언제나 소유권에 우선하므로 순위의 원칙이 적용되는 경우는 제한물권 상호간의 우열에 한한다.
> ㉢ 물권법정주의로 인해 법률에서 정하는 물권의 내용과 다른 내용을 당사자가 정하는 것은 원칙적으로 허용되지 않는다.
> ㉣ 근린공원이용권은 관습법상의 물권이 아니며, 명인방법을 갖춘 수목의 집단은 저당권의 객체가 될 수 있다.

① ㉠, ㉢   ② ㉠, ㉣
③ ㉡, ㉢   ④ ㉡, ㉣
⑤ ㉢, ㉣

해설

㉠ 물권의 객체는 '물건 + 권리'이다. 그리고 물권의 객체로서의 물건은 현존해야 하고, 특정되어야 하며, 독립성이 있어야 한다. 따라서 장래에 생길 물건에 대해서는 물권이 성립할 수 없다.

㉡ 소유권과 점유권은 병존한다. 그리고 소유권과 제한물권이 충돌하는 경우에는 언제나 제한물권이 소유권에 우선한다. 따라서 제한물권과 제한물권이 충돌할 때에만 순위의 원칙이 적용된다.

㉢ 물권은 법률 또는 관습법에 의하는 외에는 임의로 창설하지 못하는데, 이를 물권법정주의라 한다. 이때 '임의로 창설하지 못한다'의 의미는 '종류강제 + 내용강제'이다. 따라서 새로운 종류의 물권을 창설할 수 없을 뿐만 아니라 법률에서 정하는 물권의 내용과 다른 내용을 정하는 것도 허용되지 않는다.

㉣ 입목(입목에 관한 법률에 의하여 등기된 수목의 집단)은 저당권의 객체가 될 수 있으나, 명인방법을 갖춘 수목의 집단은 저당권의 객체가 될 수 없다.

정답 ②

필살키 027   물권적 청구권

甲 소유 X토지에 대한 사용권한 없이 그 위에 乙이 Y건물을 신축한 후, 아직 등기하지 않은 채 丙에게 일부를 임대하여 현재 乙과 丙이 Y건물을 일부분씩 점유하고 있다. 다음 설명 중 틀린 것은? (다툼이 있으면 판례에 따름)

① 甲은 乙을 상대로 Y건물의 철거를 청구할 수 있다.
② 甲은 乙을 상대로 Y건물의 대지 부분의 인도를 청구할 수 있다.
③ 甲은 乙을 상대로 Y건물에서의 퇴거를 청구할 수 없다.
④ 甲은 丙을 상대로 Y건물에서의 퇴거를 청구할 수 없다.
⑤ 乙이 Y건물을 丁에게 미등기로 매도하고 인도해 준 경우, 甲은 丁을 상대로 Y건물의 철거를 청구할 수 있다.

해설

①②③ 건물의 소유자가 그 건물의 소유를 통하여 타인 소유의 토지를 점유하고 있다고 하더라도 그 토지소유자로서는 그 건물의 철거와 그 대지 부분의 인도를 청구할 수 있을 뿐, 자기 소유의 건물을 점유하고 있는 자에 대하여 그 건물에서 퇴거할 것을 청구할 수는 없다.
④ 건물에 대해 철거청구를 할 수 있는 지위에 있는 자는 그 건물을 점유하는 자에게 건물에서 <u>퇴거할 것을 청구할 수 있다.</u>
⑤ 물권적 청구권의 상대방은 현재 방해상태를 지배하는 자이고 건물을 인도받은 자는 등기를 하지 않더라도 건물에 대한 처분권한을 가지므로 甲은 丁을 상대로 건물의 철거를 청구할 수 있다.

정답 ④

필살키 028   등기청구권

등기청구권에 관한 설명으로 **틀린** 것은? (다툼이 있으면 판례에 따름)

① 부동산 매수인이 매도인에 대해 갖는 소유권이전등기청구권은 채권적 청구권이다.
② 매매계약의 해제로 인한 매도인의 매수인에 대한 등기청구권은 물권적 청구권이다.
③ 부동산을 매수하여 인도받아 사용·수익하는 자의 매도인에 대한 소유권이전등기청구권은 소멸시효에 걸리지 않는다.
④ 부동산의 매수인이 인도받아 사용·수익하던 부동산을 제3자에게 처분하더라도 매도인에 대한 소유권이전등기청구권의 소멸시효는 진행하지 않는다.
⑤ 매매계약을 원인으로 한 소유권이전등기청구권은 통상의 채권양도의 법리에 따라 제3자에게 양도될 수 있다.

해설

① 부동산 매수인이 매도인에 대해 갖는 소유권이전등기청구권은 채권적 청구권이다.
② 매매계약이 해제된 경우 소유권은 당연히 매도인에게 복귀하므로 매도인의 매수인에 대한 등기청구권은 물권적 청구권에 해당한다.
③ 부동산의 매수인이 부동산을 인도받아 사용·수익하고 있는 한 매수인의 등기청구권은 소멸시효에 걸리지 않는다.
④ 부동산의 매수인이 부동산을 인도받아 사용·수익하고 있다가 보다 적극적인 권리행사의 일환으로 제3자에게 그 부동산을 처분하고 점유를 승계하여 준 경우에도 소유권이전등기청구권의 소멸시효는 진행하지 않는다.
⑤ 매매계약을 원인으로 한 소유권이전등기청구권은 매매 당사자 사이의 신뢰관계에 기초한 등기청구권이므로 <u>매도인의 동의가 없으면 매수인은 제3자에게 등기청구권을 양도할 수 없다.</u>

정답 ⑤

필살키 029 청구권보전의 가등기

X토지에 관하여 2024. 3. 1. 甲 명의로 소유권보존등기가, 2024. 4. 1. 증여에 기하여 乙 명의로 소유권이전청구권 보전을 위한 가등기가, 그리고 2024. 5. 1. 매매에 기하여 丙 명의로 소유권이전등기가 각각 경료되었다. 다음 중 옳은 것을 모두 고른 것은? (다툼이 있으면 판례에 따름)

> ㉠ 乙이 甲에 대하여 소유권이전등기를 청구할 법률관계가 있다고 추정된다.
> ㉡ 乙은 丙을 상대로 가등기에 기한 본등기를 청구하여야 한다.
> ㉢ 乙이 가등기에 기한 본등기를 한 경우에는 그동안 丙의 사용·수익에 관하여 乙은 부당이득반환을 청구할 수 없다.

① ㉠　　　　　　　② ㉡
③ ㉢　　　　　　　④ ㉠, ㉡
⑤ ㉡, ㉢

해설

㉠ 소유권이전청구권 보전을 위한 가등기가 있다 하여, 소유권이전등기를 청구할 어떤 법률관계가 있다고 <u>추정되지 않는다.</u>
㉡ 가등기권자는 가등기 당시의 소유자를 상대로 본등기를 청구하여야 한다. 따라서 乙은 <u>甲을 상대로</u> 가등기에 기한 본등기를 청구하여야 한다.
㉢ 가등기는 그 성질상 본등기의 순위보전 효력만 있고 후일 본등기가 경료된 때에는 본등기의 순위가 가등기한 때로 소급함으로써 가등기 후 본등기 전에 이루어진 중간처분이 본등기보다 후순위로 되어 실효될 뿐, 본등기에 의한 물권변동의 효력이 가등기한 때로 소급하여 발생하는 것은 아니다. 따라서 가등기 후부터 가등기에 기한 본등기가 경료되기 전까지 중간처분의 등기를 경료한 자는 그 기간까지의 과실 등을 적법하게 취득할 수 있으므로 乙은 丙에 대하여 부당이득반환을 청구할 수 없다.

정답 ③

필살키 030 등기의 추정력

등기의 추정력에 관한 판례의 태도와 일치하는 것을 모두 고른 것은? (다툼이 있으면 판례에 따름)

> ㉠ 근저당권설정등기의 경우에는 근저당권의 피담보채권을 성립시키는 법률행위의 존재가 추정된다.
> ㉡ 대리에 의한 매매계약을 원인으로 소유권이전등기가 이루어진 경우, 대리권의 존재는 추정된다.
> ㉢ 소유권이전등기가 불법하게 말소된 경우, 말소회복등기를 마치기 전에는 말소된 소유권이전등기의 최종명의인은 적법한 권리자로 추정되지 않는다.

① ㉠　　　　　　　② ㉡
③ ㉢　　　　　　　④ ㉠, ㉡
⑤ ㉡, ㉢

해설

㉠ 근저당권설정등기의 경우에는 근저당권의 존재뿐만 아니라 <u>그에 상응하는 피담보채권의 존재도 추정된다</u>(기본계약의 존재는 추정 ×).
㉡ 대리에 의한 매매계약을 원인으로 소유권이전등기가 이루어진 경우, 대리권의 존재는 추정된다.
㉢ <u>말소회복등기를 마치기 전이라도</u> 말소된 소유권이전등기의 최종명의인은 <u>적법한 권리자로 추정된다.</u>

정답 ②

필살키 031   중간생략등기

甲은 자신의 건물에 대해 乙과 매매계약을 체결하고, 乙은 이를 다시 丙에게 전매하기로 계약을 체결하였다. 이에 관한 설명으로 **틀린** 것을 모두 고른 것은? (다툼이 있으면 판례에 따름)

ⓐ 甲·乙·丙 간에 중간생략등기의 합의가 없다면 丙 앞으로 된 중간생략등기는 무효이다.

ⓑ 甲·乙·丙 간에 중간생략등기의 합의가 없는 경우, 丙은 乙을 대위하여 甲을 상대로 자기 앞으로 소유권이전등기를 경료하여 줄 것을 청구할 수 있다.

ⓒ 소유권이전등기청구권의 양도에 대한 甲의 동의가 없더라도 丙은 채권양도를 원인으로 하여 甲을 상대로 직접 자기 앞으로 소유권이전등기를 경료하여 줄 것을 청구할 수 있다.

---

① ㉠

② ㉠, ㉡

③ ㉠, ㉢

④ ㉡, ㉢

⑤ ㉠, ㉡, ㉢

해설

㉠ 이미 최종양수인 앞으로 중간생략등기가 경료된 경우에는 그 등기는 실체적 권리관계에 부합하므로 중간생략등기에 관한 <u>합의 여부를 불문하고 유효하다.</u>

㉡ 중간생략등기의 합의가 없는 경우에는 최종양수인은 중간자를 대위(代位)하여 최초양도인에 대해 중간자 앞으로 소유권이전등기를 청구할 수 있다. 따라서 丙은 甲을 상대로 <u>乙 앞으로</u> 소유권이전등기를 경료하여 줄 것을 청구할 수 있다.

㉢ 최종양수인이 중간자로부터 소유권이전등기청구권을 양도받았다고 하더라도 <u>최초양도인이 그 양도에 대하여 동의하지 않고 있다면</u> 최종양수인은 최초양도인에 대하여 채권양도를 원인으로 하여 소유권이전등기절차이행을 <u>청구할 수 없다.</u>

정답 ⑤

필살키 032 부동산물권변동

부동산물권변동에 관한 설명으로 옳은 것은? (다툼이 있으면 판례에 따름)

① 공유물분할청구소송 중 공유자 사이에 현물분할의 협의가 성립하여 조정이 이루어진 경우에는 이에 따른 등기를 하여야 물권변동의 효력이 발생한다.

② 매매를 원인으로 한 부동산소유권이전등기청구소송에서 원고의 승소판결이 확정된 때에는 등기 없이도 소유권을 취득한다.

③ 매매를 원인으로 한 부동산소유권확인청구소송에서 원고의 승소판결이 확정된 때에는 등기 없이도 소유권을 취득한다.

④ 부동산을 20년간 점유하여 취득시효가 적법하게 완성된 경우에는 등기 없이도 물권을 취득한다.

⑤ 저당권설정등기가 불법말소된 후 목적 부동산이 제3자에게 양도된 경우에는 저당권은 소멸한다.

해설

① 공유물분할청구소송 중 공유자 사이에 현물분할의 협의가 성립한 경우에는 물권변동의 원인이 법률행위이므로 제186조에 따라 등기하여야 물권변동의 효력이 발생한다.

② 이행판결이므로 등기하여야 소유권을 취득한다.

③ 확인판결이므로 등기하여야 소유권을 취득한다.

④ 20년간 소유의 의사로 평온·공연하게 부동산을 점유하는 자는 등기함으로써 그 소유권을 취득한다.

⑤ 등기는 물권의 효력발생요건이므로 저당권설정등기가 불법말소된 후 목적 부동산이 제3자에게 양도되더라도 저당권은 그대로 존속한다.

정답 ①

필살키 033 물권의 소멸

물권의 소멸에 관한 설명으로 틀린 것을 모두 고른 것은? (다툼이 있으면 판례에 따름)

> ㉠ 토지가 포락된 경우 종전의 소유권은 영구히 소멸되므로 포락된 토지가 다시 성토되더라도 종전의 소유자는 다시 소유권을 취득할 수 없다.
>
> ㉡ 부동산물권의 포기는 말소등기를 하여야 포기에 따른 물권변동의 효력이 생긴다.
>
> ㉢ 甲의 토지 위에 乙이 1번 저당권, 丙이 2번 저당권을 가지고 있다가 乙이 증여를 받아 토지소유권을 취득하면 1번 저당권은 소멸한다.
>
> ㉣ 乙이 甲의 토지 위에 지상권을 설정받고, 丙이 그 지상권 위에 저당권을 취득한 후 乙이 甲으로부터 그 토지를 매수한 경우, 乙의 지상권은 소멸한다.

① ㉠, ㉡
② ㉠, ㉢
③ ㉠, ㉣
④ ㉡, ㉢
⑤ ㉢, ㉣

해설

㉠ 포락으로 인한 토지소유권의 소멸은 절대적이므로 포락 후 토지가 성토화되어도 소멸된 소유권은 부활하지 않는다.

㉡ 이는 법률행위로 인한 부동산물권변동이므로 제186조에 따라 말소등기를 하여야 포기에 따른 물권변동의 효력이 생긴다.

㉢ 1번 저당권자가 저당물에 대한 소유권을 매매(피담보채무를 인수하지 않은 경우에 한함), 증여 또는 교환(피담보채무를 인수하지 않은 경우에 한함)을 원인으로 취득한 경우, 1번 저당권이 소멸하면 2번 저당권이 순위가 승진하게 되고 그 결과 1번 저당권자는 배당에 있어서 후순위로 밀리게 된다. 따라서 이 경우에는 1번 저당권자 본인의 이익 보호를 위해 1번 저당권이 소멸하지 않아야 한다.

㉣ 지상권이 저당권의 목적이 된 때에는 지상권자가 토지소유권을 취득한 경우 지상권이 소멸하게 되면 지상권 위에 저당권을 설정받은 자는 피담보채무의 변제가 없는 경우에 저당권을 실행할 대상을 상실하게 되므로 이때에는 저당권자의 이익 보호를 위하여 지상권은 소멸하지 않아야 한다.

정답 ⑤

필살키 034　점유의 개념

점유에 관한 설명으로 옳은 것은? (다툼이 있으면 판례에 따름)

① 점유매개관계의 직접점유자는 자주점유자이다.
② 건물소유자가 현실적으로 건물이나 그 부지를 점거하지 않더라도 특별한 사정이 없는 한 건물의 부지에 대한 점유가 인정된다.
③ 점유자의 점유가 자주점유인지 타주점유인지의 여부는 점유자 내심의 의사에 의하여 결정된다.
④ 甲이 乙과의 명의신탁약정에 따라 자신의 부동산 소유권을 乙 명의로 등기한 경우, 乙의 점유는 자주점유이다.
⑤ 매수인이 인접 토지와의 경계선을 정확하게 확인하여 보지 아니하여 착오로 인접 토지의 일부를 그가 매수·취득한 토지에 속하는 것으로 믿고서 인접 토지의 일부를 현실적으로 인도받아 점유하고 있다면 이는 타주점유에 해당한다.

해설

① 점유매개관계의 직접점유자에 해당하는 대표적인 경우가 임차인이다. 임차인에게는 <u>소유의 의사가 없으므로 타주점유에 해당한다.</u>
② 건물은 그 부지를 떠나서는 존재할 수 없으므로 건물소유자가 그 건물의 부지를 점유하는 것으로 보아야 한다. 따라서 건물소유자가 현실적으로 건물이나 그 부지를 점거하지 않더라도 특별한 사정이 없는 한 건물의 부지에 대한 점유가 인정된다.
③ 점유자 내심의 의사에 의하여 결정하는 것이 아니라 <u>점유 취득의 원인이 되는 권원의 성질에 의하여 객관적으로 결정한다.</u>
④ 명의신탁에 의하여 부동산의 소유자로 등기된 자의 점유는 그 권원의 성질상 <u>자주점유라 할 수 없다.</u>
⑤ 착오로 인접 토지의 일부를 자신이 매수·취득한 토지에 속하는 것으로 믿고서 점유한 경우이므로 <u>소유의 의사가 있으므로 자주점유에 해당한다.</u>

정답 ②

필살키 035　점유의 추정

점유에 관한 설명으로 옳은 것을 모두 고른 것은? (다툼이 있으면 판례에 따름)

> ㉠ 선의의 점유자라도 본권에 관한 소에 패소한 때에는 그 소가 제기된 때로부터 악의의 점유자로 본다.
> ㉡ 전후 양 시점에 점유한 사실이 있는 때에는 그 점유는 계속한 것으로 추정되지만, 전후 양 시점의 점유자가 다른 경우에는 점유의 승계가 입증되더라도 점유계속은 추정되지 않는다.
> ㉢ 점유의 승계가 있는 경우, 전 점유자의 점유가 타주점유이더라도 점유자의 승계인이 자기의 점유만을 주장하는 경우에는 현 점유자의 점유는 자주점유로 추정된다.
> ㉣ 점유자가 점유물에 대하여 행사하는 권리는 적법하게 보유한 것으로 추정한다.

① ㉠, ㉡　　　　　② ㉠, ㉢
③ ㉢, ㉣　　　　　④ ㉠, ㉢, ㉣
⑤ ㉡, ㉢, ㉣

해설

㉠ 소유자가 제기한 소송에서 점유자가 패소한 때에는 소 제기 시부터 악의의 점유자로 본다.
㉡ <u>전후 양 시점에 점유한 사실만 있으면</u> 점유의 계속은 추정되므로 전후 양 시점의 점유자가 다른 경우에도 점유의 승계가 입증되는 경우에는 <u>점유계속은 추정된다.</u>
㉢ 점유자가 점유의 분리를 주장하는 경우에는 전 점유자의 점유가 타주점유이더라도 현 점유자의 점유는 자주점유로 추정된다.
㉣ 점유하고 있으면 본권이 있는 것으로 추정되는데, 이를 점유의 권리적법추정력이라 한다.

정답 ④

필살키 036 점유자와 회복자의 관계

점유자와 회복자의 관계에 대한 설명으로 틀린 것을 모두 고른 것은? (다툼이 있으면 판례에 따름)

> ㉠ 과실취득권이 있는 본권을 오신한 점유자는 점유물로부터 생긴 과실을 취득할 수 있다.
> ㉡ 점유자의 책임 있는 사유로 점유물이 멸실·훼손된 경우 선의의 자주점유자는 현존이익 한도 내에서만 배상책임을 진다.
> ㉢ 선의점유자의 과실취득권이 인정되는 이상 불법행위로 인한 손해배상책임은 성립하지 않는다.
> ㉣ 점유자가 과실을 취득하더라도 통상의 필요비를 청구할 수 있다.
> ㉤ 유익비의 경우에는 가액의 증가가 현존한 때에 한하여 회복자의 선택에 따라 그 지출금액이나 증가액의 상환을 청구할 수 있다.

① ㉠, ㉢
② ㉡, ㉢
③ ㉡, ㉣
④ ㉢, ㉣
⑤ ㉢, ㉤

해설

㉠ 과실취득권이 있는 본권을 오신한 점유자를 선의의 점유자라고 하고, 선의의 점유자는 점유물로부터 생긴 과실을 취득할 수 있다.

㉡ 선의의 자주점유자만 현존이익 한도 내에서만 배상책임을 지고, 그 이외의 자는 손해의 전부를 배상하여야 한다.

㉢ 선의점유자에게 과실취득권이 인정되더라도 점유를 취득함에 있어 과실(過失)이 있는 경우에는 회복자에 대하여 불법행위로 인한 손해배상책임을 진다.

㉣ 점유자가 과실을 취득한 경우에는 통상의 필요비를 청구할 수 없다.

㉤ 유익비의 경우에는 가액의 증가가 현존하여야 하고, 회복자의 선택에 따라 지출금액이나 증가액의 상환을 청구할 수 있다.

정답 ④

필살키 037 점유권의 효력

점유권의 효력에 관한 설명으로 틀린 것은?

① 악의의 점유자가 타인 소유물을 권원 없이 점유함으로써 얻은 사용이익을 반환하는 경우에는 받은 이익에 이자를 붙여 반환하여야 하며, 이자의 이행지체로 인한 지연손해금도 지급하여야 한다.

② 점유물이 점유자의 책임 있는 사유로 인하여 멸실 또는 훼손한 때에는 악의의 점유자는 그 손해의 전부를 배상하여야 한다.

③ 임차물의 소유자가 변경되더라도 임차인은 점유자의 비용상환청구권에 관한 제203조의 규정을 근거로 하여 현재의 소유자에게 임차물에 지출한 비용의 상환을 청구할 수 없다.

④ 사기에 의해 점유를 이전한 점유자는 점유물반환청구권을 행사할 수 있다.

⑤ 점유자가 점유의 방해를 받을 염려가 있는 때에는 그 방해의 예방 또는 손해배상의 담보를 청구할 수 있다.

해설

① 악의의 점유자의 사용이익 반환범위: 받은 이익 + 이자 + 지연손해금

② 선의의 자주점유자만 현존이익 한도에서 배상하면 되고, 그 외의 자는 손해의 전부를 배상하여야 한다.

③ 점유자의 비용상환청구권(제203조)은 점유 회복 당시의 소유자에게 청구하는 것이고, 임차인의 비용상환청구권(제626조)은 임대인에게 청구하는 것이다. 제203조는 점유하는 모든 경우에 적용되는 일반법이고, 제626조는 임대차에만 특별히 적용되는 특별법이다. 따라서 특별법 우선의 원칙에 따라 임차인은 제626조에 기해서 임대인에게만 비용상환을 청구할 수 있으며, 제203조를 근거로 현재의 소유자에게 비용상환을 청구할 수 없다.

④ 점유물반환청구를 하기 위해서는 점유를 침탈당하여야 한다. 사기는 기망을 당해 점유자가 스스로 점유를 이전한 경우라 점유침탈에 해당하지 않는다. 따라서 사기의 경우에는 점유물반환청구권을 행사할 수 없다.

⑤ 점유의 방해를 받을 염려가 있는 때에는 방해예방청구와 손해배상의 담보청구를 선택적으로만 행사할 수 있다.

정답 ④

필살키 038　주위토지통행권

주위토지통행권에 관한 설명으로 틀린 것은? (다툼이 있으면 판례에 따름)

① 「건축법」에 건축과 관련하여 도로에 관한 폭 등의 제한규정이 있다 하더라도 이와 일치하는 주위토지통행권이 바로 생긴다고 할 수 없다.
② 통행권은 이미 기존 통로가 있더라도 그것이 통행권자의 토지이용에 부적합하여 그 기능을 상실한 경우에도 인정된다.
③ 토지분할로 인하여 공로에 통하지 못하는 토지가 생긴 경우, 포위된 토지의 특별승계인에게도 무상의 주위토지통행권이 인정된다.
④ 명의신탁자에게는 주위토지통행권이 인정되지 않는다.
⑤ 일단 주위토지통행권이 발생하였다고 하더라도 나중에 그 토지에 접하는 공로가 개설된 때에는 주위토지통행권은 소멸한다.

해설
① 「건축법」상의 규정과 민법의 주위토지통행권과는 무관하므로 「건축법」에 일치하는 주위토지통행권이 바로 인정되는 것은 아니다.
② 통로가 있기는 하지만 실제로 통로로서의 충분한 기능을 하지 못하는 경우에는 주위토지통행권이 인정된다.
③ 분할 또는 토지의 일부양도로 인하여 공로에 통하지 못하는 토지가 생긴 경우에 분할 또는 일부양도 전의 종전 토지소유자가 그 포위된 토지를 위하여 인정한 <u>통행사용권은 직접 분할자, 일부양도의 당사자 사이에만 적용</u>되므로 포위된 토지 또는 피통행지의 특정승계인의 경우에는 <u>무상의 주위토지통행권이 인정되지</u> 않는다.
④ 대외적으로 소유권을 주장할 수 없는 명의신탁자에게는 통행권이 인정되지 않는다.
⑤ 일단 주위토지통행권이 발생하였다고 하더라도 나중에 그 토지에 접하는 공로가 개설됨으로써 주위토지통행권을 인정할 필요성이 없어진 때에는 그 통행권은 소멸한다.

정답 ③

필살키 039　취득시효 일반

취득시효에 관한 설명으로 옳은 것은? (다툼이 있으면 판례에 따름)

① 시효완성자가 부동산에 대한 직접점유를 계속하는 경우에 한하여 취득시효완성을 원인으로 한 소유권이전등기청구권은 소멸시효에 걸리지 않는다.
② 일반재산에 대한 취득시효가 완성된 후 그 일반재산이 행정재산으로 편입된 경우에도 취득시효완성을 원인으로 소유권이전등기를 청구할 수 있다.
③ 집합건물의 공용부분도 취득시효의 대상이 될 수 있다.
④ 취득시효완성을 원인으로 한 소유권이전등기청구권은 소유자의 동의가 없는 한 제3자에게 등기청구권을 양도할 수 없다.
⑤ 시효완성자는 원소유자에 의하여 취득시효가 완성된 토지에 설정된 근저당권의 피담보채무를 변제한 후 변제액 상당에 대하여 원소유자에게 구상권을 행사하거나 부당이득반환청구를 할 수 없다.

해설
① 시효완성자가 부동산에 대한 점유를 계속하는 한 취득시효완성을 원인으로 한 소유권이전등기청구권은 소멸시효에 걸리지 않는데, 이때의 점유는 <u>직접점유뿐만 아니라 간접점유도 포함된다.</u>
② 잡종재산(현재 '일반재산'이라 함)에 대한 취득시효가 완성된 후 그 잡종재산이 행정재산으로 편입된 경우, 취득시효완성을 원인으로 <u>소유권이전등기를 청구할 수 없다.</u>
③ 집합건물의 공용부분은 별도로 <u>취득시효의 대상이 되지 않는다.</u>
④ 점유취득시효의 완성으로 점유자가 소유자에 대해 갖는 소유권이전등기청구권은 <u>통상의 채권양도 법리에 따라 양도될 수 있다.</u>
⑤ 이 경우에는 시효완성자가 자신의 취득한 소유권을 유지하기 위해서 피담보채무를 변제한 것이므로 원소유자에게 구상권을 행사하거나 부당이득반환청구를 할 수 없다.

정답 ⑤

필살키 040　취득시효완성 후의 법률관계

乙은 甲 소유의 X토지를 20년간 소유의 의사로 평온·공연하게 점유함으로써 취득시효완성을 이유로 甲에 대하여 소유권이전등기를 청구할 수 있게 되었다. 이에 관한 설명으로 <u>틀린</u> 것은? (다툼이 있으면 판례에 따름)

① 乙이 취득시효를 원인으로 소유권이전등기를 경료하기 전이라도, 甲은 불법점유를 이유로 乙에게 X토지의 인도를 청구할 수 없다.

② 乙이 취득시효를 원인으로 소유권이전등기를 경료한 경우, 시효기간 중 X토지를 사용하여 얻은 이익을 甲에게 반환할 필요가 없다.

③ 乙의 취득시효완성 후 甲이 丙에게 X토지를 매도하여 소유권이전등기를 해 준 경우, 乙은 특별한 사정이 없는 한 丙에 대하여 취득시효를 원인으로 소유권이전등기를 청구할 수 없다.

④ 甲이 乙의 취득시효완성사실을 알고 丙에게 X토지를 매도하여 소유권이전등기를 해 준 경우, 乙은 甲에 대하여 채무불이행을 이유로 손해배상을 청구할 수 있다.

⑤ 乙이 취득시효를 원인으로 소유권이전등기청구 소송을 제기하던 중 X토지가 공용수용된 경우 乙은 甲에게 수용보상금청구권의 양도를 청구할 수 있다.

해설

① 소유자는 시효완성자를 상대로 소유권에 기한 물권적 청구권을 행사할 수 없다. 따라서 甲은 乙에 대하여 불법점유를 이유로 토지반환청구를 할 수 없다.

② 취득시효로 인한 권리취득의 효과는 점유를 개시한 때에 소급한다. 따라서 乙은 시효취득 전에 X토지를 사용하여 얻은 이익을 甲에게 반환할 필요가 없다.

③ 취득시효완성 후에 목적 부동산의 소유권을 취득한 제3자에 대해서는 원칙적으로 취득시효를 주장할 수 없다. 따라서 乙은 丙에 대하여 시효취득을 이유로 소유권이전등기를 청구할 수 없다.

④ 소유자가 시효완성사실을 알고 제3자에게 부동산을 양도한 경우에는 소유자는 시효완성자에게 불법행위책임을 진다. 따라서 乙은 甲에게 '채무불이행'이 아니라 <u>'불법행위'</u>를 이유로 손해배상을 청구할 수 있다.

⑤ 토지가 수용되기 전에 시효완성자가 등기청구권을 행사하거나 취득시효를 주장한 경우에는 대상청구권을 행사하여 토지소유자에게 수용보상금청구권의 양도를 청구할 수 있다.

정답 ④

필살키 041   부합의 법률관계

부합에 관한 설명으로 **틀린** 것을 모두 고른 것은? (다툼이 있으면 판례에 따름)

> ㉠ 토지임차인의 승낙만을 받아 임차토지에 나무를 심은 사람은 토지소유자에 대하여 그 나무의 소유권을 주장할 수 있다.
>
> ㉡ 건물에 부합된 증축부분이 경매절차에서 경매목적물로 평가되지 않은 때에는 매수인은 그 소유권을 취득하지 못한다.
>
> ㉢ 매도인에게 소유권이 유보된 시멘트를 매수인이 제3자 소유의 건물 건축공사에 사용한 경우, 그 제3자가 매도인의 소유권 유보에 대해 악의라면 특별한 사정이 없는 한 시멘트는 건물에 부합하지 않는다.

① ㉠

② ㉡

③ ㉠, ㉢

④ ㉡, ㉢

⑤ ㉠, ㉡, ㉢

해설

㉠ 토지임차인의 승낙만을 받아 임차토지에 나무를 심은 사람은 다른 약정이 없으면 토지소유자에 대하여 그 나무의 소유권을 주장할 수 없다.

㉡ 건물에 부합된 증축부분이 경매절차에서 경매목적물로 평가되지 않아도 매수인은 그 소유권을 취득한다.

㉢ 매도인에게 소유권이 유보된 시멘트를 매수인이 제3자 소유의 건물 건축공사에 사용한 경우, 그 제3자가 매도인의 소유권 유보에 대해 악의이더라도 특별한 사정이 없는 한 시멘트는 건물에 부합한다.

정답 ⑤

필살키 042　공유의 주장

甲과 乙은 X토지를 각 1/2의 지분을 가지고 공유하고 있다. 다음 설명 중 **틀린** 것은? (다툼이 있으면 판례에 따름)

① 甲은 자신의 지분을 乙의 동의 없이 제3자에게 처분할 수 있다.

② 제3자가 권원 없이 자기 명의로 X토지의 소유권이전등기를 한 경우, 甲은 공유물의 보존행위로 원인 무효의 등기 전부의 말소를 청구할 수 있다.

③ 甲이 乙의 동의 없이 X토지 전부를 단독으로 사용한 경우, 乙은 공유물의 보존행위로 X토지 전부를 자기에게 반환할 것을 청구할 수 있다.

④ 만약 甲이 2/3의 지분을 가진 경우에는 단독으로 X토지를 丙에게 임대할 수 있고, 丙의 차임연체액이 2기의 차임액에 달하는 때에는 단독으로 임대차계약을 해지할 수 있다.

⑤ 甲과 乙은 5년 내의 기간을 정하여 그 기간 동안 X토지를 분할하지 않기로 약정할 수 있다.

해설

① 각 공유자는 자유로이 자신의 지분을 처분할 수 있다. 따라서 甲은 자신의 지분을 乙의 동의 없이 제3자에게 처분할 수 있다.

② 제3자가 권원 없이 공유부동산에 대해 자기 명의로 소유권이전등기를 한 경우, 각 공유자는 공유물에 관한 보존행위로서 제3자에 대하여 등기 전부의 말소를 청구할 수 있다.

③ 공유물의 소수지분권자가 다른 공유자와의 협의 없이 공유물을 배타적으로 점유하는 경우, 다른 소수지분권자는 공유물의 보존행위로서 공유물의 인도를 청구할 수는 없고, 공유물에 대한 공동점유·사용을 방해하는 소수지분권자의 행위에 대한 방해금지나 소수지분권자가 설치한 지상물의 제거 등 방해제거만을 청구할 수 있다.

④ 공유물에 대한 임대차계약은 공유물의 관리행위에 해당하고, 공유물의 관리행위는 지분의 과반수로써 결정한다. 따라서 甲은 단독으로 丙과 임대차계약을 할 수 있다. 또한 공유부동산에 대한 임대차계약의 해지도 공유물의 관리행위에 해당한다. 따라서 甲은 단독으로 丙과의 임대차계약을 해지할 수 있다.

⑤ 공유물분할은 자유이나, 당사자의 약정으로 5년을 넘지 않는 범위에서 분할하지 아니할 것을 약정할 수 있다.

정답 ③

필살키 043   지상권의 효력

甲이 그가 소유하는 X토지에 대해 乙에게 지상권을 설정해 주었다. 다음 설명 중 옳은 것은? (다툼이 있으면 판례에 따름)

① 지상권설정계약 당시 지료에 관한 약정이 없는 경우에는 지상권이 성립할 수 없다.
② 甲의 토지 위에 존재하던 乙의 공작물이나 수목이 멸실되면 지상권도 함께 소멸하는 것으로 보아야 한다.
③ 乙이 甲의 동의 없이 丙에게 지상권을 목적으로 한 저당권을 설정해 주었더라도 甲은 丙에 대해 저당권등기의 말소를 청구할 수 없다.
④ 지상권의 존속기간이 만료하고 乙의 공작물이나 수목이 현존하는 경우 乙은 甲에게 계약의 갱신을 청구할 수 있고, 甲은 정당한 이유가 없으면 이에 대하여 거절할 수 없다.
⑤ 지상권설정계약 당시 X토지를 타인에게 임대하지 않는다는 특약을 하였음에도 불구하고 乙이 이에 위반하여 丙에게 X토지를 임대한 때에는 甲은 丙에게 X토지의 명도를 청구할 수 있다.

해설
① 지료의 지급은 지상권의 성립요건이 아니다. 따라서 지상권설정계약 당시 지료에 관한 약정이 없더라도 지상권이 성립할 수 있다.
② 지상권에는 부종성이 없다. 따라서 甲의 토지 위에 존재하던 乙의 공작물이나 수목이 멸실되더라도 지상권의 존속기간이 남아있는 한 지상권은 그대로 존속한다.
③ 지상권자는 지상권설정자의 동의가 없어도 지상권을 담보로 제공할 수 있다. 따라서 乙이 甲의 동의 없이 丙에게 지상권을 목적으로 한 저당권을 설정해 주었더라도 甲은 丙에 대해 저당권등기의 말소를 청구할 수 없다.
④ 갱신청구권은 청구권이므로 지상권설정자는 지상권자의 갱신청구를 거절할 수 있다.
⑤ 지상권설정계약으로써 지상권의 처분을 금지할 수 없고 지상권처분에 관한 규정은 편면적 강행규정이다. 따라서 임대금지특약에도 불구하고 乙은 丙에게 X토지를 임대할 수 있고 甲도 丙에게 X토지의 명도를 청구할 수 없다.

정답 ③

필살키 044   분묘기지권

제사주재자인 장남 乙은 1985년 甲의 토지에 허락 없이 부친의 묘를 봉분형태로 설치한 이래 2024년까지 평온·공연하게 분묘의 기지를 점유하여 분묘의 수호와 봉사를 계속하고 있다. 다음 설명 중 틀린 것을 모두 고른 것은? (다툼이 있으면 판례에 따름)

> ㉠ 乙은 분묘기지에 대한 소유권을 취득할 수 있다.
> ㉡ 乙은 부친의 묘에 모친의 시신을 단분(單墳)형태로 합장할 권능이 있다.
> ㉢ 乙은 甲이 지료지급청구를 한 날로부터 지료를 지급하여야 한다.

① ㉠   ② ㉡
③ ㉠, ㉡   ④ ㉡, ㉢
⑤ ㉠, ㉡, ㉢

해설
㉠ 분묘기지권을 시효취득하더라도 이는 지상권을 취득하는 것이지 분묘기지에 대해 소유권을 취득하는 것이 아니다.
㉡ 부부 중 일방이 먼저 사망하여 이미 그 분묘가 설치되고 그 분묘기지권이 미치는 범위 내에서 그 후에 사망한 다른 일방을 단분형태로 합장하여 분묘를 설치하는 것은 허용되지 않는다.
㉢ 분묘기지권을 시효로 취득하였더라도, 분묘기지권자는 토지소유자가 지료지급청구를 한 날부터 지료를 지급하여야 한다.

정답 ③

필살카 045　관습법상의 법정지상권

甲은 자신의 토지와 그 지상건물 중 건물만을 乙에게 매도하고 건물 철거 등의 약정 없이 건물의 소유권이전등기를 해 주었다. 乙은 이 건물을 다시 丙에게 매도하고 소유권이전등기를 마쳐주었다. 다음 설명 중 틀린 것은? (다툼이 있으면 판례에 따름)

① 乙은 관습법상의 법정지상권을 등기 없이 취득한다.

② 甲의 丙에 대한 건물철거 및 토지인도청구는 신의성실의 원칙상 허용될 수 없다.

③ 甲은 丙에게 토지의 사용에 대한 부당이득반환청구를 할 수 있다.

④ 甲이 丁에게 토지를 양도한 경우, 丙은 丁에게 관습법상의 법정지상권을 주장할 수 있다.

⑤ 만약 丙이 경매에 의하여 건물의 소유권을 취득한 경우라면, 특별한 사정이 없는 한 丙은 등기 없이도 관습법상의 법정지상권을 취득한다.

해설

① 乙은 관습법상의 법정지상권을 등기 없이 취득한다.

② 법정지상권을 가진 건물소유자로부터 건물을 양수하면서 지상권까지 양도받기로 한 자에 대하여 대지소유자가 건물철거청구를 하는 것은 신의칙에 반하므로 허용되지 않는다. 따라서 甲의 丙에 대한 건물철거 및 토지인도청구는 신의성실의 원칙상 허용될 수 없다.

③ 丙은 乙을 대위하여 甲에게 관습법상의 법정지상권설정등기 절차의 이행을 청구할 수 있다 하더라도 대지의 점거·사용으로 얻은 실질적 이득을 대지소유자에게 부당이득으로 반환하여야 한다. 따라서 甲은 丙에게 지료 상당의 부당이득반환을 청구할 수 있다.

④ 丙은 지상권에 관한 <u>등기가 없으므로 관습법상의 법정지상권을 취득할 수 없다</u>. 따라서 <u>丙은 丁에게 관습법상의 법정지상권을 주장할 수 없고</u>, 乙이 여전히 관습법상의 법정지상권을 가지므로 <u>乙이 丁에게 관습법상의 법정지상권을 주장할 수 있는 것이다</u>.

⑤ 관습법상의 법정지상권이 붙은 건물을 경매에 의하여 소유권을 취득하는 경우에는 건물소유권과 함께 관습법상의 법정지상권도 등기 없이 취득한다.

정답 ④

필살키 046 지역권

지역권에 관한 설명으로 <u>틀린</u> 것을 모두 고른 것은? (다툼이 있으면 판례에 따름)

> ⊙ 1필 토지의 일부에 대해서는 지역권을 설정할 수 없다.
> ⓒ 요역지가 수인의 공유인 경우에 그 1인에 의한 지역권 소멸시효의 중단 또는 정지는 다른 공유자를 위하여 효력이 없다.
> ⓒ 통행지역권을 시효취득한 경우 원칙적으로 요역지소유자는 승역지소유자가 입은 손해를 보상하여야 한다.

① ⊙
② ⓒ
③ ⓒ
④ ⊙, ⓒ
⑤ ⓒ, ⓒ

해설
⊙ 1필 토지의 일부에 대해서도 지역권을 <u>설정할 수 있다</u>.
ⓒ 요역지가 수인의 공유인 경우에 그 1인에 의한 지역권 소멸시효의 중단 또는 정지는 다른 공유자를 위하여 <u>효력이 있다</u>.
ⓒ 통행지역권을 시효취득한 경우에도 특별한 사정이 없는 한 요역지소유자는 승역지에 대한 도로 설치 및 사용에 의하여 승역지소유자가 입은 손해를 보상하여야 한다.

정답 ④

필살키 047 전세권 일반

전세권에 관한 설명으로 옳은 것은? (다툼이 있으면 판례에 따름)

① 전세권의 존속기간은 20년을 넘을 수 없다.
② 토지전세권의 존속기간을 1년 미만으로 정한 때에는 1년으로 한다.
③ 대지와 건물이 동일한 소유자에 속한 경우에 건물에 전세권을 설정한 때에는 그 대지소유권의 특별승계인은 전세권자에 대하여 지상권을 설정한 것으로 본다.
④ 토지전세권자에게도 토지임차인과 마찬가지로 지상물매수청구권이 인정될 수 있다.
⑤ 토지의 전세권설정자가 존속기간 만료 전 6개월부터 1개월까지의 사이에 갱신거절의 통지를 하지 않은 경우, 그 기간이 만료한 때에 전(前)전세권과 동일한 조건으로 다시 전세권을 설정한 것으로 본다.

해설
① 전세권의 존속기간은 <u>10년</u>을 넘을 수 없다.
② 건물에 대한 전세권의 존속기간을 1년 미만으로 정한 경우에는 그 기간을 1년으로 한다. 그러나 <u>토지전세권</u>에는 최단존속기간 제한규정이 없다.
③ 대지와 건물이 동일한 소유자에 속한 경우에 건물에 전세권을 설정한 때에는 그 대지소유권의 특별승계인은 <u>전세권설정자</u>에 대하여 지상권을 설정한 것으로 본다.
④ 토지임차인의 지상물매수청구권에 관한 규정은 토지전세권에도 유추적용될 수 있다. 다만, 토지전세권자가 건물 기타 지상시설의 매수를 청구하기 위해서는 그 전세권이 건물 기타 지상시설의 소유를 목적으로 한 것이어야 하고, 전세권의 존속기간이 만료되어야 하며, 건물 기타 지상시설이 현존하여야 한다.
⑤ 건물전세권에만 법정갱신이 인정되고 <u>토지전세권에는</u> <u>법정갱신이 인정되지 않는다</u>. 즉, 건물의 전세권설정자가 전세권의 존속기간이 만료되기 6월 전부터 1개월 전까지의 기간 중에 전세권자에 대한 전세권 갱신거절의 통지 또는 전세권의 조건을 변경하지 않으면 전세권을 갱신하지 않는다는 통지를 하지 않은 경우에는 그 기간이 만료된 때에 종전의 전세권과 동일한 조건으로 다시 전세권을 설정한 것으로 본다.

정답 ④

필살키 048 전세권의 효력

甲은 자신의 X건물에 관하여 乙과 전세금 1억원으로 하는 전세권설정계약을 체결하고 乙 명의로 전세권설정등기를 마쳐주었다. 이에 관한 설명으로 틀린 것을 모두 고른 것은? (다툼이 있으면 판례에 따름)

㉠ 전세권의 존속기간을 15년으로 정하더라도 그 기간은 10년으로 단축된다.
㉡ 甲이 X건물의 소유를 위해 그 대지에 지상권을 취득하였다면, 乙의 전세권의 효력은 그 지상권에 미친다.
㉢ 甲은 X건물의 현상을 유지하고 그 통상의 관리에 속한 수선을 하여야 한다.

---

① ㉠
② ㉡
③ ㉢
④ ㉠, ㉡
⑤ ㉡, ㉢

해설
㉠ 전세권의 존속기간은 10년을 넘지 못하고, 당사자의 약정기간이 10년을 넘는 때에는 이를 10년으로 단축한다.
㉡ 타인의 토지에 있는 건물에 전세권을 설정한 때에는 전세권의 효력은 그 건물의 소유를 목적으로 한 지상권 또는 임차권에 미친다.
㉢ 전세권자는 목적물의 현상을 유지하고 그 통상의 관리에 속한 수선을 하여야 한다.

정답 ③

필살키 049 전전세의 법률관계

전전세(轉傳貰)에 관한 설명으로 틀린 것은? (다툼이 있으면 판례에 따름)

① 전전세금의 지급은 전전세권의 성립요건이다.
② 전전세계약의 당사자는 원전세권자와 전전세권자이다.
③ 전전세권의 존속기간은 원전세권의 존속기간 내이어야 하고, 원전세권이 소멸하는 경우 전전세권도 소멸한다.
④ 전전세권의 존속기간이 만료한 경우 전전세권설정자가 전전세금의 반환을 지체한 때에는 즉시 경매를 청구할 수 있다.
⑤ 전세권의 목적물을 전전세한 경우에는 전세권자는 전전세하지 아니하였으면 면할 수 있는 불가항력으로 인한 손해에 대하여 그 책임을 부담한다.

해설
① 전세금의 지급이 전세권의 성립요건이므로 전전세금의 지급은 전전세권의 성립요건이다.
② 전전세계약의 당사자는 전전세권설정자(원전세권자)와 전전세권자이며, 원전세권설정자는 전전세계약의 당사자가 아니다.
③ 전전세권은 원전세권에 종속한다. 따라서 전전세권의 존속기간은 원전세권의 존속기간 내이어야 하고, 전전세금은 원전세금을 초과할 수 없다. 또한 원전세권이 소멸하는 경우 전전세권도 소멸한다.
④ 전전세권자도 경매권과 우선변제권을 가지나, 전전세권의 존속기간이 만료하였더라도 원전세권의 존속기간이 만료하고 또한 원전세권설정자가 원전세권자에 대해 전세금의 반환을 지체한 경우에만 경매청구를 할 수 있다.
⑤ 설정행위로써 금지하지 않는 한 전세권설정자의 동의 없이 전전세를 할 수 있다. 그러나 이 경우에는 전세권자는 전전세하지 아니하였으면 면할 수 있는 불가항력으로 인한 손해에 대하여 그 책임을 부담한다.

정답 ④

필살키 050 유치권 일반

甲은 시계수리업자 乙에게 자기가 소유하고 있는 시계의 수리를 부탁하고 수리가 끝나는 대로 수리대금조로 5만원을 지급하기로 약속하였다. 그러나 甲이 이를 지급하지 않아 乙은 유치권을 행사하여 시계를 반환하지 않았다. 이에 관한 설명으로 옳은 것은?

① 제3자 丙이 甲으로부터 시계를 양수하고, 乙에 대하여 시계를 인도할 것을 청구한 경우 乙은 丙에 대하여 시계를 인도하여야 한다.
② 甲이 3만원을 지급한 경우 乙은 시계를 반환하여야 한다.
③ 乙은 자기의 물건에 있어서와 같은 주의를 가지고 시계를 점유하여야 한다.
④ 乙이 시계를 유치하고 있는 동안 수리대금채권의 소멸시효는 진행되지 않는다.
⑤ 乙은 甲의 승낙을 얻어 그 시계를 타인에게 임대하고 그로 인하여 얻은 임대료로부터 수리대금채권의 변제에 충당할 수 있다.

해설

① 乙은 丙에 대하여 유치권을 주장하여 시계의 인도를 거절할 수 있다.
② 甲이 3만원을 지급하더라도 乙은 나머지 2만원을 받을 때까지 시계에 대해 유치권을 행사할 수 있다.
③ 유치권자는 선량한 관리자의 주의로 목적물을 점유하여야 한다.
④ 유치권의 행사는 피담보채권의 시효중단사유가 아니다. 따라서 채권자가 유치권을 행사하더라도 피담보채권의 소멸시효는 그와 관계없이 진행한다.
⑤ 유치권자는 유치물의 과실을 수취하여 다른 채권보다 먼저 자기 채권의 변제에 충당할 수 있다. 이를 '과실수취권'이라 한다.

정답 ⑤

필살키 051 유치권의 성립요건

유치권 성립을 위한 견련관계가 인정되는 경우를 모두 고른 것은? (다툼이 있으면 판례에 따름)

> ㉠ 임대인과 임차인 사이에 건물명도 시 권리금을 반환하기로 약정을 한 때, 권리금반환청구권을 가지고 건물에 대한 유치권을 주장하는 경우
> ㉡ 건물의 임대차에서 임차인의 임차보증금반환청구권으로써 임차인이 그 건물에 유치권을 주장하는 경우
> ㉢ 원상회복약정이 있는 임대차에서 임차인이 유익비상환청구권을 담보하기 위해서 임차물에 관하여 유치권을 주장하는 경우
> ㉣ 가축이 타인의 농작물을 먹어 발생한 손해에 관한 배상청구권에 기해 그 타인이 그 가축에 대한 유치권을 주장하는 경우

① ㉣   ② ㉠, ㉡   ③ ㉠, ㉣
④ ㉡, ㉢   ⑤ ㉢, ㉣

해설

㉠ 임대인과 임차인 사이에 건물명도 시 권리금을 반환하기로 하는 약정이 있었다 하더라도 그와 같은 권리금반환청구권은 건물에 관하여 생긴 채권이라 할 수 없으므로, 그와 같은 채권을 가지고 건물에 대한 유치권을 행사할 수 없다.
㉡ 임대차에서 보증금반환청구권은 채권과 목적물 사이의 견련성이 인정되지 않으므로 유치권이 성립할 수 없다.
㉢ 원상회복약정은 유익비상환청구권 포기특약에 해당하고, 이 경우에는 유익비상환청구권 자체가 존재하지 않으므로 임차인은 임차물에 관하여 유치권을 주장할 수 없다.
㉣ 甲의 말 2필이 乙의 밭에 들어가 농작물을 먹어치운 경우, 乙은 손해배상청구권을 담보하기 위하여 말을 유치할 수 있다.

정답 ①

필살키 052 유치권의 효력

동일한 건물에 대하여 서로 다른 사람이 저당권과 유치권을 각각 주장하는 경우에 관한 설명으로 **틀린** 것은? (다툼이 있으면 판례에 따름)

① 유치권자에게는 우선변제권이 인정되지 않는다.
② 유치권자는 건물의 보존에 필요한 사용을 하여 이득을 얻었더라도 이를 소유자에게 부당이득으로 반환할 필요는 없다.
③ 유치권자는 유치물의 과실을 수취하여 다른 채권보다 먼저 자기 채권의 변제에 충당할 수 있다.
④ 경매개시결정의 기입등기 전에 유치권을 취득한 자는 저당권이 실행되더라도 그의 채권이 완제될 때까지 매수인에 대하여 목적물의 인도를 거절할 수 있다.
⑤ 경매개시결정의 기입등기 후 그 소유자인 채무자가 건물에 관한 공사대금채권자에게 그 건물의 점유를 이전한 경우, 공사대금채권자는 자신의 유치권을 경락인에게 주장할 수 없다.

해설
① 유치권자에게는 경매권은 있으나 우선변제권은 인정되지 않는다.
② 유치권자는 건물의 보존에 필요한 사용을 하여 이득을 얻은 경우에는 이를 소유자에게 부당이득으로 반환하여야 한다.
③ 이를 '과실수취권'이라 한다.
④ 경매개시결정의 등기(압류의 효력발생) 전에 성립한 유치권의 경우에는 경락인에게 유치권을 주장할 수 있다.
⑤ 경매개시결정의 등기 후에 성립한 유치권의 경우에는 경락인에게 유치권을 주장할 수 없다.

정답 ②

필살키 053 저당권 일반

저당권에 관한 설명으로 옳은 것은? (다툼이 있으면 판례에 따름)

① 채무자 아닌 제3자는 저당권설정자가 될 수 없다.
② 저당권이 설정된 토지가 「공익사업을 위한 토지 등의 취득 및 보상에 관한 법률」에 따라 협의취득된 경우, 저당권자는 그 보상금에 대하여 물상대위를 할 수 있다.
③ 화재보험에 가입되어 있는 건물에 저당권이 설정된 후 건물이 전부 소실(燒失)한 경우, 저당권설정자에게 보험금이 지급된 후 화재보험금청구권이 압류된 경우에는 물상대위를 할 수 없다.
④ 피담보채권은 금전채권에 한하며, 장래의 채권은 피담보채권이 될 수 없다.
⑤ 제366조 소정의 법정지상권은 저당권설정 당시의 건물이 재건축된 경우에도 인정될 수 있으며, 그 존속기간은 신건물을 기준으로 정해진다.

해설
① 채무자 아닌 제3자도 저당권설정자가 될 수 있고, 이를 '물상보증인'이라 한다.
② 저당권이 설정된 토지가 「공익사업을 위한 토지 등의 취득 및 보상에 관한 법률」에 따라 협의취득된 경우, 저당권자는 그 보상금에 대하여 물상대위권을 행사할 수 없다.
③ 압류는 재산이 섞이는 것을 방지하기 위한 것이므로 보험금이 지급되기 전에 화재보험금청구권이 압류되어야 물상대위를 할 수 있다.
④ 피담보채권은 금전채권에 한하지 않으며, 장래의 채권도 피담보채권이 될 수 있다.
⑤ 제366조 소정의 법정지상권은 저당권설정 당시의 건물과 재건축 또는 신축된 건물 사이에 동일성이 없어도 성립한다. 그러나 법정지상권의 내용인 존속기간·범위 등은 구건물을 기준으로 하여야 한다.

정답 ③

필살키 054 저당권의 효력이 미치는 범위

저당권의 효력이 미치는 것을 모두 고른 것은? (다툼이 있으면 판례에 따름)

> ㉠ 저당권설정 전에 건물에 부속된 종물
> ㉡ 저당권설정 후에 증축되어 독립적 효용이 있는 부분
> ㉢ 건물에 대한 압류가 있기 전에 저당권설정자가 임차인로부터 받은 차임
> ㉣ 강제수용으로 인해 저당권설정자가 취득한 수용보상금청구권

① ㉠, ㉡   ② ㉠, ㉣
③ ㉡, ㉢   ④ ㉡, ㉣
⑤ ㉢, ㉣

해설
㉠ 저당권설정 전에 건물에 부속된 종물에는 저당권의 효력이 미친다.
㉡ 저당권설정 후에 증축되어 독립적 효용이 있는 부분은 기존 건물과 독립한 별개의 부동산이므로 건물저당권의 효력이 미치지 않는다.
㉢ 저당권설정자가 임차인로부터 받은 차임은 과실에 해당하는데, 저당부동산에 대한 압류가 있기 전의 과실에는 저당권의 효력이 미치지 않는다.
㉣ 강제수용으로 인해 저당권설정자가 취득한 수용보상금청구권에 대해 저당권자는 물상대위를 할 수 있으므로 수용보상금청구권에 대해서는 저당권의 효력이 미친다.

정답 ②

필살키 055 저당권의 효력

저당권에 관한 설명으로 <u>틀린</u> 것은? (다툼이 있으면 판례에 따름)

① 저당권에 대한 침해가 있더라도 저당권자는 저당물을 자신에게 반환할 것을 청구할 수는 없다.
② 저당부동산의 종물에는 저당권의 효력이 미치지 않는다는 약정은 등기하여야 제3자에 대해 효력이 있다.
③ 원본의 반환이 2년간 지체된 경우, 채무자는 원본 및 지연배상금 1년분만 변제하고 저당권등기의 말소를 청구할 수 있다.
④ 건물저당권의 효력은 그 건물의 소유를 목적으로 한 임차권에도 미친다.
⑤ 저당권은 그 담보하는 채권과 분리하여 다른 채권의 담보로 하지 못한다.

해설
① 저당권자는 목적물을 점유하지 않으므로 저당권에 대한 침해가 있더라도 저당권자는 저당물을 자신에게 반환할 것을 청구할 수는 없다.
② 당사자는 특약으로 저당권의 효력이 부합물과 종물에 미치지 않는 것으로 할 수 있다. 다만, 이러한 약정은 등기하여야 제3자에게 주장할 수 있다.
③ 지연배상은 원본의 이행기일을 경과한 후의 1년분에 한하여 저당권을 행사할 수 있는데, 이는 후순위권리자를 보호하기 위한 규정이므로 채무자는 원본과 지연이자 2년분을 다 변제하여야 저당권등기의 말소를 청구할 수 있다.
④ 건물저당권의 효력은 그 건물의 소유를 목적으로 하는 지상권, 전세권 또는 임차권에도 미친다.
⑤ 저당권은 그 담보하는 채권과 분리하여 다른 채권의 담보로 하지 못한다.

정답 ③

필살키 056 제366조의 법정지상권

법정지상권이 성립하는 경우를 모두 고른 것은? (다툼이 있으면 판례에 따름)

⊙ 저당권이 설정된 토지 위에 건물이 축조된 후, 토지의 경매로 인하여 토지와 그 건물이 다른 소유자에게
　속하게 된 경우
ⓛ 토지에 저당권이 설정될 당시 지상에 건물이 존재하고 있었고 그 양자가 동일 소유자에게 속하였다가
　그 후 저당권의 실행으로 토지가 매각되기 전에 건물이 제3자에게 양도된 경우
ⓒ 토지에 저당권이 설정될 당시 그 지상에 건물이 토지소유자에 의하여 건축 중이었고, 건물의 규모·종류
　가 외형상 예상할 수 있는 정도까지 건축이 진전된 후 저당권의 실행으로 토지가 매각된 경우
ⓔ 동일인 소유의 토지와 건물에 관하여 공동저당권이 설정된 후 그 건물이 철거되고 제3자 소유의 건물이
　새로이 축조된 다음, 토지에 관한 저당권의 실행으로 토지와 건물의 소유자가 달라진 경우

① ㉠, ㉡　　　　　　　　　　　　　　② ㉠, ㉢
③ ㉡, ㉢　　　　　　　　　　　　　　④ ㉡, ㉣
⑤ ㉢, ㉣

해설

㉠ 저당권이 설정된 토지 위에 건물이 축조된 후, 토지의 경매로 인하여 토지와 그 건물이 다른 소유자에게 속하게 된 경우는
　일괄경매청구권이 문제되는 경우이며 법정지상권은 성립하지 않는다.
㉡ 저당권설정 당시에 토지와 건물이 동일인 소유이기만 하면 되므로 저당권설정 후에 토지 또는 건물이 제3자에게 양도된
　경우에도 법정지상권이 성립한다.
㉢ 저당권설정 당시에 건물이 건축 중인 경우에도 매수인이 매각대금을 다 낸 때까지 독립한 건물로서의 요건을 갖춘 때에는
　법정지상권이 성립한다.
㉣ 동일인 소유의 토지와 건물에 관하여 공동저당권이 설정된 후 그 건물이 철거되고 제3자 소유의 건물이 새로이 축조된 다
　음, 토지에 관한 저당권의 실행으로 토지와 건물의 소유자가 달라진 경우 법정지상권은 성립하지 않는다.

정답 ③

필살키 057 일괄경매청구권

甲은 乙 소유의 X토지에 저당권을 취득하였다. X토지에 Y건물이 존재할 때, 甲이 X토지와 Y건물에 대해 일괄경매를 청구할 수 있는 경우를 모두 고른 것은? (다툼이 있으면 판례에 따름)

> ㉠ 甲이 저당권을 취득하기 전, 이미 X토지 위에 乙의 Y건물이 존재한 경우
> ㉡ 甲이 저당권을 취득한 후, 乙이 X토지 위에 Y건물을 축조하여 소유하고 있는 경우
> ㉢ 甲이 저당권을 취득한 후, 丙이 X토지에 지상권을 취득하여 Y건물을 축조하고 乙이 그 건물의 소유권을 취득한 경우

① ㉠
② ㉡
③ ㉠, ㉢
④ ㉡, ㉢
⑤ ㉠, ㉡, ㉢

해설

㉠ 甲이 저당권을 취득하기 전, 이미 X토지 위에 乙의 Y건물이 존재한 경우에는 일괄경매청구권이 인정되지 않는다.
㉡ 甲이 저당권을 취득한 후, 乙이 X토지 위에 Y건물을 축조하여 소유하고 있는 경우에는 일괄경매청구권이 인정된다.
㉢ 甲이 저당권을 취득한 후, 丙이 X토지에 지상권을 취득하여 Y건물을 축조하고 乙이 그 건물의 소유권을 취득한 경우에는 일괄경매청구권이 인정된다.

정답 ④

필살키 058 제3취득자

저당부동산의 제3취득자에 관한 설명으로 옳은 것을 모두 고른 것은? (다툼이 있으면 판례에 따름)

> ㉠ 저당권이 설정된 후 저당부동산에 대해 소유권, 지상권, 저당권을 취득한 자는 모두 제3취득자에 포함된다.
> ㉡ 저당물의 소유권을 취득한 제3자는 경매인(競買人)이 될 수 없다.
> ㉢ 저당부동산의 제3취득자는 부동산의 보존·개량을 위해 지출한 비용을 그 부동산의 경매대가에서 우선상환을 받을 수 없다.
> ㉣ 제3취득자는 저당권자에게 그 부동산으로 담보된 채권을 변제하고 저당권의 소멸을 청구할 수 있다.

① ㉠
② ㉣
③ ㉠, ㉣
④ ㉡, ㉢
⑤ ㉠, ㉡, ㉢

해설

㉠ 제3취득자는 저당부동산에 대하여 소유권, 지상권 또는 전세권을 취득한 자를 말하므로, 후순위저당권자는 제3취득자에 해당하지 않는다.
㉡ 저당물의 소유권을 취득한 제3자는 저당권을 실행하는 경매에 참가하여 매수인이 될 수 있다.
㉢ 저당물의 제3취득자가 그 부동산을 보존하거나 개량하기 위하여 필요비나 유익비를 지출한 경우, 제203조에 따라 저당물의 경매대가에서 그 비용을 우선하여 상환받을 수 있다.
㉣ 저당부동산에 대하여 소유권, 지상권 또는 전세권을 취득한 제3자는 저당권자에게 그 부동산으로 담보된 채권을 변제하고 저당권의 소멸을 청구할 수 있다.

정답 ②

필살키 059　공동저당

甲에 대하여 1억 5천만원의 채권을 가진 乙은 甲 소유의 X토지와 A 소유의 Y건물에 대하여 각각 저당권을 설정받았다. X토지와 Y건물이 동시에 경매되어 매각대금이 각각 2억원과 1억원인 경우 乙이 Y건물의 매각대금에서 변제받은 금액은? (다툼이 있으면 판례에 따름)

① 0원

② 2천 5백만원

③ 5천만원

④ 1억원

⑤ 1억 5천만원

필살키 060　근저당

근저당권에 관한 설명으로 **틀린** 것은? (다툼이 있으면 판례에 따름)

① 선순위근저당권의 확정된 피담보채권액이 채권최고액을 초과하는 경우, 후순위근저당권자는 그 채권최고액을 변제하고 선순위근저당권의 소멸을 청구할 수 있다.

② 근저당권설정등기에는 근저당이라는 취지와 채권최고액을 명시하여야 한다.

③ 확정된 피담보채권액이 채권최고액을 초과하는 경우에 물상보증인은 채권최고액까지만 변제하고 근저당권의 소멸을 청구할 수 있다.

④ 근저당권자가 경매를 신청하는 경우, 경매신청 시에 피담보채권이 확정된다.

⑤ 후순위근저당권자가 경매를 신청하는 경우, 선순위근저당권자의 피담보채권은 매수인이 매각대금을 다 낸 때에 확정된다.

해설

동일한 채권의 담보로 수개의 부동산에 저당권을 설정한 경우에 그 부동산의 경매대가를 동시에 배당하는 때에는 각 부동산의 경매대가에 비례하여 그 채권의 분담을 정한다. 그런데 동시배당에 관한 규정은 채무자 소유의 수개의 부동산에 저당권이 설정된 경우에만 적용된다. 따라서 채무자 소유의 부동산과 물상보증인 소유의 부동산의 경매대가를 동시에 배당하는 때에는 공동저당권자는 먼저 채무자 소유의 부동산의 경매대가로부터 채권의 변제를 받아야 하고, 부족분이 생길 때에만 물상보증인 소유의 부동산의 경매대가에서 변제를 받아야 한다. 따라서 乙은 X토지의 경락대금 2억원에서 자신의 채권 1억 5천만원을 모두 변제받을 수 있으므로 Y건물의 경락대금에서 변제받을 수 있는 금액은 0원이다.

정답 ①

해설

① 후순위근저당권자는 제364조의 저당권소멸청구권을 행사할 수 있는 제3취득자에 해당하지 않는다. 따라서 선순위근저당권의 확정된 피담보채권액이 채권최고액을 초과하는 경우, 후순위근저당권자는 그 채권최고액을 변제하더라도 선순위근저당권의 소멸을 청구할 수 없다.

② 근저당이라는 취지와 채권최고액은 필요적 등기사항이다.

③ 확정된 피담보채권액이 채권최고액을 초과하는 경우에 채무자 겸 근저당권설정자는 확정된 피담보채권액 전부를 변제하여야 근저당권의 소멸을 청구할 수 있고, 그 이외의 자(물상보증인이나 제3취득자)는 채권최고액까지만 변제하고 근저당권의 소멸을 청구할 수 있다.

④ 근저당권자가 경매를 신청하는 경우, 경매신청 시에 피담보채권이 확정된다.

⑤ 후순위근저당권자가 경매를 신청하는 경우, 선순위근저당권자의 피담보채권은 매수인이 매각대금을 다 낸 때(경락인이 경락대금을 완납한 때)에 확정된다.

정답 ①

필살키 pp.21~22   합격서 p.121

필살키 061   계약의 종류

계약의 종류에 관한 설명으로 **틀린** 것을 모두 고른 것은?

> ㉠ 중개계약은 전형계약이며, 증여와 사용대차는 무상계약이다.
> ㉡ 무상계약은 모두 편무계약이며, 유상계약은 모두 쌍무계약이다.
> ㉢ 현상광고와 계약금계약은 요물계약에 해당한다.
> ㉣ 매매와 교환은 일시적 계약에 해당하며, 임대차는 계속적 계약에 해당한다.

① ㉠, ㉡

② ㉢, ㉣

③ ㉠, ㉡, ㉢

④ ㉡, ㉢, ㉣

⑤ ㉠, ㉡, ㉢, ㉣

해설

㉠ <u>중개계약은 전형계약이 아니다.</u> 전형계약은 증여, 매매, 교환, 소비대차, 사용대차, 임대차, 고용, 도급, 여행, 현상광고, 위임, 임치, 조합, 종신정기금, 화해 등 15가지이다.

㉡ 유상계약에는 쌍무계약도 있고(매매, 교환, 임대차 등) 편무계약도 있다(현상광고). 한편 쌍무계약은 모두 유상계약에 해당한다.

㉢ 현상광고, 대물변제, 계약금계약, 보증금계약은 요물계약에 해당한다.

㉣ 매매와 교환은 한번 급부하면 계약이 종료하므로 일시적 계약에 해당하고, 임대차는 급부가 일정기간 동안 계속되어야 하므로 계속적 계약에 해당한다.

정답 ①

필살키 pp.21~22   합격서 pp.122~123

필살키 062   계약의 성립

계약의 성립에 관한 설명으로 옳은 것은? (다툼이 있으면 판례에 따름)

① 청약자의 의사표시나 관습에 의하여 승낙의 통지가 필요하지 아니한 경우에는 계약은 청약자가 승낙의 의사표시로 인정되는 사실이 있음을 안 때에 성립한다.

② 물품구입의 청약자가 청약과 함께 물품을 송부하면서 "만약 구입하지 않으면 반송하라, 반송하지 않으면 구입한 것으로 보겠다."라고 한 경우에 만약 상대방이 이를 반송하지 않은 때에는 승낙한 것으로 된다.

③ 당사자 사이에 동일한 내용의 청약이 서로 교차된 경우에는 후의 청약이 상대방에게 발송된 때에 계약이 성립한다.

④ 격지자 간의 청약은 도달한 때에 효력이 생긴다.

⑤ 예금자가 입금을 하고 금융기관도 이를 받아 확인을 하였으나 금융기관의 직원이 이를 입금하지 않고 횡령하였다면 예금계약은 성립하지 않는다.

해설

① 승낙의 <u>의사표시로 인정되는 사실이 있는 때</u>에 성립한다.

② 청약자의 상대방은 청약을 받았다는 사실로부터 아무런 법률상의 의무를 부담하지 않으므로 상대방은 물건을 수령하거나 반송할 의무가 없다. 따라서 <u>물건을 반송하지 않더라도 계약은 성립하지 않는다.</u>

③ 양 청약이 <u>상대방에게 도달한 때</u>에 계약이 성립한다.

④ 대화자 간이든 격지자 간이든 청약은 항상 상대방에게 도달한 때에 효력이 생긴다.

⑤ 금융기관이 돈을 확인한 때에 이미 예금계약이 성립하므로 금융기관의 직원이 돈을 입금하지 않고 횡령하였더라도 이는 <u>예금계약의 성립에는 영향을 미치지 않는다.</u>

정답 ④

필살키 063 계약체결상의 과실책임

계약체결상의 과실책임에 관한 설명으로 **틀린** 것은? (다툼이 있으면 판례에 따름)

① 목적이 불능한 계약을 체결할 때에 상대방이 그 계약의 유효를 믿었음으로 인하여 받은 손해를 배상하여야 하는 경우는 불능사실을 안 자에 한한다.

② 계약체결상의 과실책임이 성립하기 위해서는 상대방은 계약의 목적이 원시적으로 불능인 사실을 알지 못하고 모르는 데에 과실이 없어야 한다.

③ 계약교섭의 부당한 중도파기로 인해 상대방에게 손해가 생긴 경우에는 계약체결상의 과실책임이 적용될 수 없다.

④ 계약체결상의 과실을 이유로 한 신뢰이익의 손해배상은 계약이 유효함으로 인하여 생길 이익액을 넘지 못한다.

⑤ 수량을 지정한 부동산매매계약에서 실제면적이 계약면적에 미달하는 경우, 그 미달부분이 원시적 불능임을 이유로 계약체결상의 과실책임을 물을 수 없다.

해설

① '안 자'에 한하는 것이 아니라 '알았거나 알 수 있었을 자'이다.

② 상대방은 불능사실에 대해 선의·무과실이어야 한다.

③ 원시적 불능의 경우에만 계약체결상의 과실책임이 인정된다. 따라서 계약교섭의 부당한 중도파기의 경우에는 계약체결상의 과실책임이 적용될 수 없고 불법행위책임이 적용된다.

④ 계약체결상의 과실책임은 이행이익의 손해를 한도로 신뢰이익의 손해를 배상하는 것이다.

⑤ 수량부족 사례의 경우에는 담보책임만 물을 수 있고 계약체결상의 과실책임을 물을 수는 없다.

정답 ①

필살키 064 동시이행의 항변권

동시이행의 항변권에 관한 설명으로 옳은 것을 모두 고른 것은? (다툼이 있으면 판례에 따름)

> ㉠ 동시이행의 항변권은 쌍무계약을 체결한 당사자에 한하여 인정된다.
> ㉡ 당사자 일방의 책임 있는 사유로 채무이행이 불능으로 되어 그 채무가 손해배상채무로 바뀌게 되면 동시이행관계는 소멸한다.
> ㉢ 선이행의무를 부담하는 당사자 일방은 상대방의 이행이 곤란할 현저한 사유가 있으면 자기의 채무이행을 거절할 수 있다.
> ㉣ 채무자가 자기채무에 대한 이행지체책임을 면하기 위해서는 동시이행의 항변권을 행사하여야 한다.

① ㉢ 　　　　② ㉣
③ ㉠, ㉡ 　② ㉣
⑤ ㉡, ㉣

해설

㉠ 당사자가 변경되어도 채권양도·채무인수·상속·전부명령과 같이 동일성이 유지되는 경우에는 동시이행의 항변권이 인정된다.

㉡ 당사자 일방의 채무가 이행불능으로 손해배상채무로 성질이 변경되더라도 채무의 동일성이 유지되므로 동시이행의 항변권은 존속한다.

㉢ 이를 '불안의 항변권'이라 한다.

㉣ 채무자가 자기채무의 이행을 거절하기 위해서는 동시이행의 항변권을 행사하여야 하나, 채무자가 자기채무에 대해 이행지체책임을 면하기 위해서는 동시이행의 항변권을 행사할 필요가 없다.

정답 ①

필살키 065 동시이행관계

특별한 사정이 없는 한 동시이행의 관계에 있는 경우를 모두 고른 것은? (다툼이 있으면 판례에 따름)

ㄱ. 임대차계약 종료에 따른 임차인의 목적물반환의무와 임대인의 권리금회수 방해로 인한 손해배상의무

ㄴ. 「주택임대차보호법」상 임차권등기명령에 따라 행해진 임차권등기의 말소의무와 임대차보증금반환의무

ㄷ. 임대차 종료 시 임대인의 보증금반환의무와 임차인의 목적물반환의무

ㄹ. 구분소유적 공유관계가 해소되는 경우, 공유지분권자 상호간의 지분이전등기의무

---

① ㄹ

② ㄷ, ㄹ

③ ㄱ, ㄴ, ㄷ

④ ㄱ, ㄷ, ㄹ

⑤ ㄱ, ㄴ, ㄷ, ㄹ

해설

ㄱ. 임대차계약 종료에 따른 임차인의 임차목적물반환의무와 임대인의 권리금회수 방해로 인한 손해배상의무는 동시이행관계가 아니다.

ㄴ. 임대인의 임대차보증금반환의무와 임차인의 「주택임대차보호법」상의 임차권등기명령에 의해 등기된 임차권등기의 말소의무는 동시이행관계가 아니다.

ㄷ. 임대차 종료 시 임대인의 보증금반환의무와 임차인의 목적물반환의무는 동시이행관계이다.

ㄹ. 구분소유적 공유관계가 해소되는 경우, 공유지분권자 상호간의 지분이전등기의무는 동시이행관계이다.

정답 ②

필살키 066 위험부담

위험부담에 관한 설명으로 옳은 것을 모두 고른 것은?

> ㉠ 채무자의 책임 있는 사유로 후발적 불능이 된 경우에도 위험부담의 법리가 적용될 수 있다.
> ㉡ 매매목적토지가 이행기 전에 강제수용된 경우, 매수인은 대금을 지급하지 않더라도 매도인에게 수용보상금청구권의 양도를 청구할 수 있다.
> ㉢ 쌍무계약의 당사자 일방의 채무가 채권자의 책임 있는 사유로 이행할 수 없게 된 경우 채무자는 상대방의 이행을 청구할 수 없다.
> ㉣ 사용자의 귀책사유로 근로자가 해고된 경우 사용자는 임금을 지급함에 있어 중간수입을 공제할 수 있다.

① ㉣

② ㉠, ㉡

③ ㉡, ㉢

④ ㉢, ㉣

⑤ ㉠, ㉡, ㉢

해설

㉠ 채무자의 책임 있는 사유로 후발적 불능이 된 경우에는 채무불이행책임의 문제가 발생하지만, 위험부담의 법리는 적용되지 않는다.

㉡ 채무자가 위험을 부담하는 경우 채권자는 대상청구권을 행사하여 채무자가 지급받은 화재보험금, 수용보상금청구권의 양도를 청구할 수 있다. 다만, 이 경우 채권자도 자기채무를 이행하여야 하므로 매수인은 매매대금을 지급하여야 한다.

㉢ 채권자의 책임 있는 사유로 이행할 수 없게 된 경우는 채권자가 위험을 부담하므로 채무자는 상대방의 이행을 청구할 수 있다.

㉣ 채권자가 위험을 부담하는 경우 채무자는 자기채무를 면함으로써 얻은 이익을 채권자에게 상환하여야 한다. 따라서 사용자의 귀책사유로 인하여 해고된 근로자가 해고기간 중에 다른 직장에서 근무하여 지급받은 임금('중간수입'이라 함)은 근로자가 자기의 채무를 면함으로써 얻은 이익에 해당하므로, 사용자는 근로자에게 해고기간 중의 임금을 지급함에 있어 중간수입을 공제할 수 있다.

정답 ①

필살키 067 제3자를 위한 계약

甲은 자기 소유의 주택을 乙에게 매도하는 계약을 체결하면서 대금은 乙이 丙에게 지급하기로 하는 제3자를 위한 계약을 체결하였다. 다음 중 **틀린** 것은? (다툼이 있으면 판례에 따름)

① 계약이 乙의 기망으로 체결된 경우, 丙은 이를 이유로 계약을 취소할 수 없다.
② 乙이 丙에게 대금을 지급한 후 계약이 무효가 된 경우, 乙은 丙에게 대금반환을 청구할 수 없다.
③ 丙이 乙에게 대금수령의 의사표시를 한 후에는 甲과 乙은 계약을 합의해제할 수 없다.
④ 乙은 甲의 丙에 대한 항변으로 丙에게 대항할 수 있다.
⑤ 丙이 乙에게 대금수령의 의사표시를 하였으나 乙이 대금을 지급하지 않은 경우, 丙은 乙에게 손해배상을 청구할 수 있다.

해설
① 제3자는 당사자가 아니므로 계약을 취소할 수 없다.
② 보상관계를 이루는 계약이 해제된 경우 낙약자는 이미 제3자에게 급부한 것에 대해 제3자를 상대로 반환을 청구할 수 없다.
③ 제3자가 수익의 의사표시를 하여 제3자에게 권리가 발생한 후에는 당사자는 계약을 합의해제할 수 없다.
④ 낙약자는 요약자와의 계약에 기한 항변(보상관계에 기한 항변, 기본관계에 기한 항변)으로 제3자에게 대항할 수 있다. 따라서 대가관계에 기한 항변으로는 제3자에게 대항할 수 없다.
⑤ 낙약자의 채무불이행을 이유로 요약자가 계약을 해제하는 경우 제3자는 낙약자에게 손해배상을 청구할 수 있다.

정답 ④

필살키 068 해제권의 발생원인과 행사

계약해제에 관한 설명으로 **틀린** 것은? (다툼이 있으면 판례에 따름)

① 성질상 일정한 기간 내에 이행하지 아니하면 계약의 목적을 달성할 수 없는 계약에 있어서 당사자 일방이 그 시기에 이행하지 아니한 경우 상대방은 최고 없이 계약을 해제할 수 있다.
② 채무자가 미리 이행하지 아니할 의사표시를 적법하게 철회한 경우에는 채권자는 최고 없이 계약을 해제할 수 있다.
③ 이행지체에 있어서 과다최고도 원칙적으로 본래 이행하여야 할 금액의 범위에서 최고로서의 효력이 인정된다.
④ 당사자의 일방 또는 쌍방이 수인인 경우에는 계약의 해제는 그 전원으로부터 또는 전원에 대하여 하여야 한다.
⑤ 해제권자가 수인인 경우 당사자 1인에 대하여 해제권이 소멸한 때에는 다른 당사자의 해제권도 소멸한다.

해설
① 정기행위의 이행지체의 경우 최고 없이 곧바로 계약을 해제할 수 있다.
② 채무자가 이행거절의 의사를 표시하였다가 이를 적법하게 철회한 경우에는 채권자는 자기채무의 이행을 제공하고 상당한 기간을 정하여 이행을 최고한 후가 아니면 채무불이행을 이유로 계약을 해제할 수 없다.
③ 과다최고도 원칙적으로 최고로서의 효력이 인정된다.
④ 이를 '행사상의 불가분성'이라 한다.
⑤ 이를 '소멸상의 불가분성'이라 한다.

정답 ②

필살키 069 해제의 효과

계약의 해제에 관한 설명으로 틀린 것은? (다툼이 있으면 판례에 따름)

① 매수인의 이행지체로 계약을 해제한 매도인은 원금만 반환하면 되고 별도로 이자를 가산하여 반환할 필요는 없다.
② 계약해제에 있어서의 제3자란 등기나 인도 등으로 완전한 권리를 취득한 자를 말한다.
③ 계약상의 채권을 양수한 자는 계약해제의 소급효로부터 보호되는 제3자에 해당하지 않는다.
④ 매수인과 매매예약을 체결한 후 그에 기한 소유권이전청구권 보전을 위한 가등기를 마친 자는 계약해제의 소급효로부터 보호되는 제3자에 해당한다.
⑤ 해제된 매매계약에 의하여 채무자의 책임재산이 된 부동산을 가압류한 자는 제3자에 해당한다.

해설

① 계약이 해제된 경우 각 당사자는 원상회복의무를 부담하고, 금전을 반환하여야 할 경우에는 <u>그 받은 날로부터 이자를 가산하여야 한다.</u>
② 계약해제의 소급효로부터 보호되는 제3자는 물권자에 한한다.
③ 채권자는 계약해제의 소급효로부터 보호되는 제3자에 해당하지 않는다.
④ 소유권이전청구권 보전을 위한 가등기를 마친 자도 후에 본등기를 하게 되면 순위보전의 효력에 의해 소유권을 취득하게 되므로 계약해제의 소급효로부터 보호되는 제3자에 해당한다.
⑤ 부동산에 대해 가압류한 자는 계약해제의 소급효로부터 보호되는 제3자에 해당한다.

정답 ①

필살키 070 합의해제와 합의해지

합의해제와 합의해지에 관한 설명으로 틀린 것을 모두 고른 것은? (당사자 사이에 다른 약정은 없으며, 다툼이 있으면 판례에 따름)

㉠ 계약이 합의해제된 경우, 채무불이행을 이유로 손해배상을 청구할 수 있다.
㉡ 합의해지로 인하여 반환할 금전에는 그 받은 날로부터 이자를 가산하여야 한다.
㉢ 계약이 합의해제되더라도 제3자의 권리를 해하지 못한다.
㉣ 매도인이 잔금기일 경과 후 해제를 주장하며 수령한 대금을 공탁하고 매수인이 이를 이의 없이 수령하였다면, 매매계약은 합의해제된 것으로 본다.

① ㉠, ㉡   ② ㉠, ㉢
③ ㉡, ㉢   ④ ㉡, ㉣
⑤ ㉢, ㉣

해설

㉠ 법정해제만 손해배상을 청구할 수 있으므로, <u>합의해제의 경우에는 손해배상을 청구할 수 없다.</u>
㉡ 합의해지의 경우에는 금전을 받은 날로부터 <u>이자를 가산할 의무가 없다.</u>
㉢ 해제와 마찬가지로 합의해제의 경우에도 제3자의 권리를 해하지 못한다.
㉣ 이는 묵시적 합의해제에 해당한다.

정답 ①

필살키 071　해약금에 의한 계약해제

甲은 자신의 X토지를 乙에게 매도하는 계약을 체결하고 乙로부터 계약금을 수령하였다. 이에 관한 설명으로 틀린 것은? (다툼이 있으면 판례에 따름)

① 乙이 지급한 계약금은 해약금으로 추정한다.

② 甲과 乙이 계약금을 위약금으로 하기로 특약을 한 경우 이는 손해배상액의 예정으로 추정된다.

③ 乙이 중도금지급기일 전에 중도금을 지급하였더라도, 甲은 계약금의 배액을 상환하고 계약을 해제할 수 있다.

④ 만약 乙이 甲에게 약정한 계약금의 일부만 지급한 경우, 甲은 수령한 금액의 배액을 상환하고 계약을 해제할 수 없다.

⑤ 만약 X토지가 토지거래허가구역 내에 있고 매매계약에 대하여 허가를 받았더라도, 甲은 계약금의 배액을 상환하고 계약을 해제할 수 있다.

해설

① 계약금은 해약금으로 추정된다.

② 민법은 위약금을 손해배상액의 예정으로 추정하고 있다.

③ 이행기의 약정이 있더라도 특별한 사정이 없는 한 이행기 전에 이행에 착수할 수 있다. 따라서 乙이 중도금 지급기일 전 중도금을 지급한 경우, 甲은 계약금 배액을 상환하고 해제할 수 없다.

④ 계약금계약은 요물계약이므로 계약금이 다 지급이 되어야 해약금에 의한 계약해제를 할 수 있다. 따라서 계약금의 일부만이 지급된 경우에는 해약금에 의한 계약해제를 할 수 없다.

⑤ 토지거래허가를 받은 것은 이행착수가 아니므로 매도인은 계약금의 배액을 상환하고 계약을 해제할 수 있다.

정답 ③

필살키 072　매매 일반

매매계약에 관한 설명으로 틀린 것은? (다툼이 있으면 판례에 따름)

① 매매계약이 있은 후에도 인도하지 아니한 목적물로부터 생긴 과실은 매도인에게 귀속한다.

② 등기비용을 포함하여 매매계약에 관한 비용은 특별한 사정이 없는 한 당사자 쌍방이 균분하여 부담한다.

③ 담보책임의 면제특약이 있더라도 매도인은 알면서 고지하지 않은 하자에 대해서는 그 책임을 부담한다.

④ 목적물의 인도와 동시에 대금을 지급할 경우, 특별한 사정이 없는 한 대금은 목적물의 인도장소에서 지급해야 한다.

⑤ 당사자 일방에 대한 의무이행의 기한이 있는 때에는 상대방의 의무이행에 대하여도 동일한 기한이 있는 것으로 추정한다.

해설

① 인도 전의 과실은 매도인에게 속한다.

② 등기비용은 계약비용에 포함되지 않으며 관행상 매수인이 부담한다.

③ 담보책임에 관한 규정은 임의규정이므로 담보책임의 내용을 가중·감경·면제하는 특약은 모두 유효하다. 그러나 담보책임 면제특약을 하였더라도 매도인은 하자를 알면서 고지하지 않은 경우에는 담보책임을 부담한다.

④ 인도와 동시에 대금을 지급할 경우, 그 인도장소에서 대금을 지급하여야 한다.

⑤ '본다'가 아니라 '추정한다'인 점을 유념하여야 한다.

정답 ②

필살키 073　매도인의 담보책임

매도인의 담보책임에 관한 설명으로 옳은 것은?
(다툼이 있으면 판례에 따름)

① 타인의 권리를 매도한 자가 그 전부를 취득하여 매수인에게 이전할 수 없는 경우, 악의의 매수인은 계약을 해제할 수 없다.

② 저당권이 설정된 부동산의 매수인이 저당권의 행사로 그 소유권을 취득할 수 없는 경우, 악의의 매수인은 특별한 사정이 없는 한 계약을 해제하고 손해배상을 청구할 수 있다.

③ 매매목적인 권리의 전부가 타인에게 속하여 권리의 전부를 이전할 수 없게 된 경우, 매도인은 선의의 매수인에게 신뢰이익의 손해를 배상하여야 한다.

④ 매매목적 부동산에 전세권이 설정되어 있어 이로 인하여 계약의 목적을 달성할 수 없는 경우, 악의의 매수인도 계약을 해제할 수 있다.

⑤ 수량을 지정한 부동산매매계약에 있어서 실제면적이 계약면적에 미달한 경우, 매수인은 선의·악의를 불문하고 대금의 감액을 청구할 수 있다.

해설
① 전부 타인의 권리의 경우, 악의의 매수인도 <u>계약을 해제할 수 있다</u>.
② 저당권에 의한 제한의 경우, 악의의 매수인도 계약을 해제하고 손해배상을 청구할 수 있다.
③ '신뢰이익의 손해'가 아니고 '<u>이행이익의 손해</u>'를 배상하여야 한다.
④ 용익권에 의한 제한의 경우에는 <u>선의의 매수인만</u> 계약해제와 손해배상을 청구할 수 있다.
⑤ 수량부족의 경우에는 <u>선의의 매수인만</u> 대금의 감액을 청구할 수 있다.

정답 ②

필살키 074　매도인의 담보책임과 타 제도와의 관계

매도인의 담보책임에 관한 설명으로 틀린 것은?
(다툼이 있으면 판례에 따름)

① 매도인의 하자담보책임이 성립하더라도 매수인은 착오를 이유로 매매계약을 취소할 수 있다.

② 수량을 지정한 부동산매매계약에서 실제면적이 계약면적에 미달하는 경우, 매수인은 담보책임 외에 계약체결상의 과실책임을 물을 수 없다.

③ 수량을 지정한 매매계약 후에 수량부족이 발생한 경우, 매수인은 매도인에 대하여 담보책임을 물을 수 없다.

④ 타인 권리의 매매에 있어서 매도인의 귀책사유로 이행불능이 된 경우, 매수인은 채무불이행을 이유로 계약을 해제하고 손해배상을 청구할 수 있다.

⑤ 매매목적물의 하자로 인해 확대손해가 발생한 경우, 매도인에게 이에 대한 배상책임을 지우기 위해서 매도인에게 귀책사유가 있어야 하는 것은 아니다.

해설
① 담보책임과 착오는 병존하므로 매수인은 담보책임 외에 착오를 이유로 매매계약을 취소할 수 있다.
② 수량을 지정한 부동산매매계약에서 실제면적이 계약면적에 미달하는 경우에는 원시적·객관적·일부불능이므로 담보책임만 물을 수 있을 뿐 원시적·객관적·전부불능의 경우에만 인정되는 계약체결상의 과실책임을 물을 수 없다.
③ 이는 후발적 불능이므로 담보책임이 적용되지 않고 채무불이행책임이나 위험부담의 법리가 적용된다.
④ 담보책임과 채무불이행책임은 병존하므로 매수인은 '채무불이행'을 이유로 계약을 해제하고 손해배상을 청구할 수 있다.
⑤ 확대손해에 대해서는 채무불이행책임이 적용되므로 매도인에게 배상책임을 지우기 위해서는 <u>매도인에게 귀책사유가 있어야 한다</u>.

정답 ⑤

필살키 075 환매

甲은 자신의 X건물을 乙에게 매도함과 동시에 환매특약을 하였다. 다음 중 **틀린** 것은? (당사자 사이에 다른 약정은 없으며, 다툼이 있으면 판례에 따름)

① 甲의 상속인은 환매권을 행사할 수 있다.
② 환매기간을 정하지 않은 경우, 그 기간은 5년이다.
③ 甲은 乙에게 매매대금과 乙이 부담한 매매비용을 반환하여야 환매할 수 있다.
④ 환매특약이 등기된 후 乙이 丙에게 X건물을 전매한 경우, 乙은 丙의 소유권이전등기청구를 거절할 수 있다.
⑤ 환매권이 행사되면 목적물의 과실과 대금의 이자는 상계한 것으로 본다.

해설

① 환매권은 상속인에게 상속된다.
② 환매기간을 정하지 아니한 때에는 그 기간은 부동산은 5년, 동산은 3년으로 한다.
③ 환매대금은 매매대금과 매수인이 부담한 매매비용이다.
④ 환매권등기는 처분금지의 효력이 없다. 따라서 乙은 환매권이 등기되었다는 것을 이유로 丙의 소유권이전등기청구를 거절할 수 없다.
⑤ 환매권 행사 시 과실과 이자는 상계한 것으로 본다.

정답 ④

필살키 076 교환

甲은 자신의 2억원 상당 건물을 乙의 토지와 교환하는 계약을 체결하면서 乙로부터 1억원을 보충하여 지급받기로 하였다. 다음 설명 중 **틀린** 것은? (다툼이 있으면 판례에 따름)

① 甲·乙 사이의 계약은 불요식계약이다.
② 甲과 乙은 특별한 사정이 없는 한 서로 하자담보책임을 진다.
③ 乙의 보충금 1억원의 미지급은 교환계약의 해제사유에 해당된다.
④ 계약체결 후 건물이 乙의 과실로 소실되었다면, 乙의 보충금지급의무는 소멸하지 않는다.
⑤ 보충금의 지급기한을 정하지 않았다면, 乙은 교환계약을 체결한 날부터 보충금의 이자를 甲에게 지급해야 한다.

해설

① 교환계약은 불요식계약이다.
② 교환계약은 유상계약이므로 매도인의 담보책임규정이 준용된다. 따라서 甲과 乙은 특별한 사정이 없는 한 서로 하자담보책임을 진다.
③ 乙이 보충금을 지급하지 않은 경우, 이는 교환계약의 해제사유에 해당된다.
④ 계약체결 후 건물이 乙의 과실로 소실되었다면, 乙의 보충금지급의무는 소멸하지 않는다.
⑤ 보충금의 지급기한을 정하지 않았다면, 乙은 건물을 인도받은 날부터 지급하지 않은 보충금의 이자를 甲에게 지급해야 한다.

정답 ⑤

필살키 077   임대차의 존속기간

민법상의 임대차의 존속기간에 관한 설명으로 틀린 것은? (다툼이 있으면 판례에 따름)

① 임대차의 존속기간을 영구무한으로 정하는 것은 원칙적으로 허용되지 않는다.

② 임대차기간이 만료한 후 임차인이 임차물의 사용·수익을 계속하는 경우에 임대인이 상당한 기간 내에 이의를 하지 아니한 때에는 전임대차와 동일한 조건으로 다시 임대차한 것으로 본다.

③ 민법상의 임대차가 법정갱신된 경우 각 당사자는 언제든지 해지통고를 할 수 있다.

④ 법정갱신이 된 경우 제3자가 전임대차에 대하여 제공한 담보는 기간의 만료로 소멸한다.

⑤ 당사자들의 합의에 따라 임대차기간을 연장하는 경우에는 제3자가 제공한 담보는 기간이 만료하더라도 소멸하지 않는다.

해설

① 영구무한의 임대차계약도 <u>원칙적으로 유효하다.</u>

② 이를 '법정갱신'이라 한다.

③ 민법상의 임대차가 법정갱신된 경우 존속기간은 정하지 않은 것으로 보므로 각 당사자는 언제든지 해지통고를 할 수 있다.

④ 법정갱신의 경우 제3자가 제공한 담보는 기간만료로 소멸한다.

⑤ 약정갱신의 경우 제3자가 제공한 담보는 기간만료로 소멸하지 않는다.

정답 ①

필살키 078   임대차의 효력

임대차에 관한 설명으로 옳은 것은? (다툼이 있으면 판례에 따름)

① 임차인은 계약이 존속하는 동안 목적물을 사용·수익하는 데 필요한 상태를 유지할 의무를 부담한다.

② 임차인이 유익비를 지출한 경우, 그 가액의 증가가 현존하느냐의 여부를 불문하고 즉시 임대인에 대하여 그 상환을 청구할 수 있다.

③ 통상의 임대차에서는 임대인은 임차인의 안전을 배려하거나 도난방지 등의 보호의무를 부담하지 않는다.

④ 건물임대차에서 임차인이 증축부분에 대한 원상회복의무를 면하는 대신 유익비상환청구권을 포기하기로 하는 약정은 특별한 사정이 없는 한 무효이다.

⑤ 건물 소유를 목적으로 하는 토지임차인이 지상건물을 등기하기 전에 제3자가 토지에 관하여 물권취득의 등기를 한 경우, 그 이후에 지상건물을 등기한 때에는 그 제3자에 대하여 토지임차권을 주장할 수 있다.

해설

① 임대인이 계약이 존속하는 동안 목적물을 사용·수익하는 데 필요한 상태를 유지하게 할 의무를 부담한다.

② <u>유익비는 가액의 증가가 현존하는 경우에 한하여</u> 임대차 종료 시에 임대인에게 상환을 청구할 수 있다.

③ 통상의 임대차에서는 임대인에게 보호의무가 없고, 숙박계약의 경우에는 임대인에게 보호의무가 있다.

④ 임차인의 비용상환청구권에 관한 규정은 <u>임의규정</u>이므로 <u>비용상환청구권 포기특약은 유효하다.</u>

⑤ <u>지상건물을 먼저 등기한 경우라야</u> 제3자에 대하여 토지임차권을 주장할 수 있다.

정답 ③

필살키 079　임차인의 비용상환청구권

임차인의 비용상환청구권에 관한 설명으로 옳은 것은? (다툼이 있으면 판례에 따름)

① 임차물에 필요비를 지출한 임차인은 그 가액 증가가 현존한 때에 한하여 임대인에게 그 상환을 청구할 수 있다.
② 임대인은 임차인이 유익비를 지출한 즉시 임차인의 지출한 금액이나 그 증가액을 상환하여야 한다.
③ 필요비에 대해서 법원은 임대인의 청구에 의하여 상당한 상환기간을 허여할 수 있다.
④ 임차인의 비용상환청구권은 임대차가 종료한 날부터 6개월 내에 행사하여야 한다.
⑤ 임차인이 음식점을 경영하기 위하여 지출한 인테리어비, 간판설치비는 유익비에 해당하지 않는다.

해설
① 필요비는 가액의 증가가 현존할 필요가 없다.
② 유익비상환청구권은 임대차 종료 시에 발생한다.
③ 유익비에 대해서만 법원의 상환기간 허여가 인정된다.
④ '임대차가 종료한 날'이 아니라 '임대인이 목적물을 반환받은 날'부터이다.
⑤ 인테리어비, 간판설치비는 필요비도 유익비도 아니다.

정답 ⑤

필살키 080　건물임차인의 부속물매수청구권

건물임차인의 부속물매수청구권에 관한 설명으로 옳은 것을 모두 고른 것은? (다툼이 있으면 판례에 따름)

> ㉠ 임차인의 지위와 분리하여 부속물매수청구권만을 양도할 수 없다.
> ㉡ 임차목적물의 구성부분은 부속물매수청구권의 객체가 될 수 있다.
> ㉢ 임대차계약이 임차인의 채무불이행으로 해지된 경우에도 부속물매수청구권은 인정된다.
> ㉣ 매수청구의 대상은 임대인의 동의를 얻어 건물에 부속한 물건과 임대인으로부터 매수한 부속물에 한한다.

① ㉠, ㉡　　② ㉠, ㉣
③ ㉡, ㉢　　④ ㉡, ㉣
⑤ ㉢, ㉣

해설
㉠ 부속물매수청구권은 임차인의 지위에서 파생되는 권리이므로 임차인의 지위와 분리하여 부속물매수청구권만을 양도할 수 없다.
㉡ 독립성이 없는 경우에는 부속물매수청구권을 행사할 수 없다.
㉢ 임차인의 채무불이행으로 임대차계약이 해지된 경우에는 부속물매수청구권은 인정되지 않는다.
㉣ 임대인의 동의를 얻어 건물에 부속한 물건과 임대인으로부터 매수한 부속물에 한해서만 매수청구를 할 수 있다.

정답 ②

필살키 081 토지임차인의 갱신청구권과 지상물매수청구권

甲은 건물 소유의 목적으로 乙의 X토지를 임차하여 그 위에 Y건물을 신축한 후 사용하고 있다. 다음 설명 중 **틀린** 것은? (다툼이 있으면 판례에 따름)

① 임대차의 기간을 정하지 않은 경우, 乙이 해지통고를 하면 甲은 갱신청구권을 행사하지 않고 곧바로 Y건물의 매수를 청구할 수 있다.

② 甲과 乙이 임대차계약을 합의로 해지하고 Y건물을 철거하기로 한 경우, 甲은 지상물매수청구권을 행사할 수 없다.

③ 甲이 지상물매수청구권을 행사한 경우, 乙은 매수청구권 행사 당시의 Y건물의 시가를 매매대금으로 지급하여야 한다.

④ 甲의 임차권이 기간만료로 소멸한 후 乙이 X토지를 丙에게 양도한 경우, 甲은 자신의 임차권이 대항력이 갖춰져 있다고 하더라도 丙을 상대로 지상물매수청구권을 행사할 수 없다.

⑤ Y건물이 무허가건물이더라도 특별한 사정이 없는 한 甲의 지상물매수청구권의 대상이 될 수 있다.

해설

① 기간의 약정이 없는 토지임대차에서 임대인이 해지통고를 한 경우, 임차인은 곧바로 지상물매수청구권을 행사할 수 있다.

② 임대인과 임차인의 합의로 임대차계약을 해지하고 임차인이 지상건물을 철거하기로 약정한 경우에는 지상물매수청구권을 행사할 수 없다.

③ 지상물매수청구권을 행사하면 매수청구권 행사 당시의 시가를 대금으로 하는 매매계약이 성립한다.

④ 임차권이 대항력을 갖춘 경우에는 임대차계약 종료 후 임대인으로부터 토지를 양수한 제3자에 대해서도 매수청구권을 행사할 수 있다.

⑤ 지상물이 현존하기만 하면 되므로 무허가건물도 매수청구권의 대상이 될 수 있다.

정답 ④

필살키 082 동의 있는 전대의 법률관계

甲은 자기 소유 X창고건물 전부를 乙에게 임대하였고, 乙은 甲의 동의를 얻어 그 건물 전부를 丙에게 전대하였다. 이에 관한 설명 중 옳은 것을 모두 고른 것은? (당사자 사이에 다른 특약은 없으며, 다툼이 있으면 판례에 따름)

> ㉠ 丙은 직접 甲에 대해 차임을 지급할 의무를 부담한다.
>
> ㉡ 甲과 乙의 합의로 임대차계약을 종료한 경우 丙의 권리는 소멸한다.
>
> ㉢ 전대차 종료 시에 丙은 건물사용의 편익을 위해 乙의 동의를 얻어 부속한 물건의 매수를 甲에게 청구할 수 있다.
>
> ㉣ 乙의 차임연체액이 2기에 달하여 甲이 임대차계약을 해지한 경우, 그 사유를 丙에게 통지하지 않더라도 해지로써 丙에게 대항할 수 있다.

① ㉠, ㉢   ② ㉠, ㉣
③ ㉡, ㉢   ④ ㉡, ㉣
⑤ ㉢, ㉣

해설

㉠ 임차인이 임대인의 동의를 얻어 임차물을 전대한 때에는 전차인은 직접 임대인에 대하여 의무를 부담한다.

㉡ 임대인의 동의를 얻어 전대한 경우에는 임대인과 임차인의 합의로 임대차계약을 종료시키더라도 전차인의 권리는 소멸하지 않는다.

㉢ 甲의 동의를 얻어 부속한 물건이어야 甲에게 매수를 청구할 수 있다.

㉣ 임대차계약이 해지통고로 종료된 경우에는 그 사유를 전차인에게 통지하여야 하나, 차임연체로 임대차계약이 해지된 경우에는 그 사유를 전차인에게 통지할 필요가 없다.

정답 ②

필살키 083 동의 없는 전대의
법률관계

MEMO

임차인 乙은 임대인 甲의 동의 없이 丙과 전
대차계약을 맺고 임차건물을 인도해 주었다.
다음 설명 중 옳은 것은? (다툼이 있으면 판
례에 따름)

① 甲과 乙 사이의 합의로 임대차계약이 종료하
더라도 丙은 甲에게 전차권을 주장할 수 있다.

② 丙은 乙에 대한 차임의 지급으로 甲에게 대항
할 수 없으므로, 차임을 甲에게 직접 지급하
여야 한다.

③ 甲은 임대차계약이 존속하는 한도 내에서는
丙에게 불법점유를 이유로 한 차임 상당의 손
해배상청구를 할 수 없다.

④ 임대차계약이 해지통고로 종료하는 경우, 丙
에게 그 사유를 통지하지 않으면 甲은 해지로
써 丙에게 대항할 수 없다.

⑤ 전대차가 종료하면 丙은 전차물 사용의 편익
을 위하여 乙의 동의를 얻어 부속한 물건의 매
수를 甲에게 청구할 수 있다.

해설

① 전차인(丙)은 전차권을 가지고서 임대인(甲)에게 대항
할 수 없다.

② 무단전대의 경우 임대인과 전차인 사이에는 아무런 계
약관계가 성립하지 않으므로 차임을 甲에게 직접 지급
할 필요가 없다.

③ 甲은 丙에게 소유권에 기한 물권적 청구권을 행사할 수
있으나, 임대차계약이 존속하는 한도 내에서는 丙에게
불법점유를 이유로 한 차임 상당의 손해배상청구를 할
수 없다.

④ 적법하게 전대되었을 경우에 해당되는 내용이다.

⑤ 건물 기타 공작물의 임차인이 적법하게 전대한 경우에
전차인이 그 사용의 편익을 위하여 임대인의 동의를 얻
어 이에 부속한 물건이 있는 때에는 전대차의 종료시에
임대인에 대하여 그 부속물의 매수를 청구할 수 있다
(647조 제1항). 따라서 무단전대의 경우에는 전차인에
게 부속물매수청구권이 인정되지 않는다.

정답 ③

필살키 p.27　합격서 pp.155~157

필살키 084　주택임대차의 대항력

甲은 乙의 저당권이 설정되어 있는 丙 소유의 X주택을 丙으로부터 보증금 2억원에 임차하여 즉시 대항요건을 갖추고 확정일자를 받아 거주하고 있다. 그 후 丁이 X주택에 저당권을 취득한 다음 저당권 실행을 위한 경매에서 戊가 X주택의 소유권을 취득하였다. 다음 설명 중 옳은 것을 모두 고른 것은? (다툼이 있으면 판례에 따름)

ㄱ. 戊는 임대인 丙의 지위를 승계하지 않는다.
ㄴ. 乙의 저당권은 소멸하지 않는다.
ㄷ. 甲이 적법한 배당요구를 하면 乙보다 보증금 2억원에 대해 우선변제를 받는다.

---

① ㄱ
② ㄴ
③ ㄷ
④ ㄱ, ㄴ
⑤ ㄴ, ㄷ

해설

후순위저당권의 실행으로 목적부동산이 경락된 경우, 경락으로 소멸되는 선순위저당권보다 뒤에 등기되었거나 대항력을 갖춘 임차권은 함께 소멸하므로 경락인은 「주택임대차보호법」상의 임차주택의 양수인에 해당하지 않는다. 따라서 甲은 戊에게 자신의 임차권을 주장할 수 없고, 戊도 임대인 丙의 지위를 승계하지 않는다. 한편 甲이 적법한 배당요구를 하였더라도 乙이 변제받고 난 잔여금으로부터 보증금 2억원에 대해 우선변제를 받는다.

정답 ①

필살키 085　임차주택의 양수인의 지위

주택임대차보호법상의 임차주택의 양수인에 관한 설명으로 **틀린** 것은? (당사자 사이에 다른 약정은 없으며, 다툼이 있으면 판례에 따름)

① 주택임차인이 대항력을 갖춘 후, 임차주택의 소유권이 제3자에게 양도된 경우에는 임대인의 보증금반환채무는 소멸한다.

② 임차주택의 양수인이 임대인의 지위를 승계하더라도 임차주택의 양도 전에 발생한 연체차임이나 관리비는 양수인에게 승계되지 않는다.

③ 임차주택의 양수인이 임차보증금반환채무를 부담하게 된 이후에 임차인이 주민등록을 옮긴 경우에는 양수인의 보증금반환채무는 소멸한다.

④ 임차주택의 대지만을 경락받은 자는 임차주택의 양수인에 해당하지 않는다.

⑤ 주택임차인이 대항력을 갖춘 후 임대인이 채권담보를 목적으로 임차주택을 제3자에게 양도한 경우, 임대인은 보증금반환의무를 면하지 못한다.

해설

① 임차주택의 양수인이 임대인의 보증금반환채무를 승계하므로 임대인의 보증금반환채무는 소멸한다.

② 연체차임이나 관리비는 이미 전 소유자에게 확정된 채무이므로 양수인에게 승계되지 않는다.

③ 임차주택의 양수인에게 보증금반환채무가 승계된 후에는 임차인이 주민등록을 옮기더라도 <u>이미 발생한 임차보증금반환채무가 소멸하지 않는다.</u>

④ 임차주택의 대지만을 경락받은 자는 임차주택의 양수인에 해당하지 않는다.

⑤ 채권의 담보를 목적으로 임차주택을 양도하는 경우를 양도담보라고 하는데, 양도담보권자는 임차주택의 양수인에 해당하지 않으므로 임대인은 임차인에 대한 보증금반환의무를 면하지 못한다.

정답 ③

필살키 086　주택임대차의 우선변제권과 최우선변제권

주택임차인의 우선변제권과 최우선변제권에 관한 설명으로 **틀린** 것은? (다툼이 있으면 판례에 따름)

① 임차인은 임차주택을 양수인에게 인도하지 아니하면 임차주택의 환가대금에서 보증금을 받을 수 없다.

② 임차권등기명령에 의하여 임차권등기를 한 주택임차인은 배당요구를 하지 않더라도 우선변제권을 행사할 수 있다.

③ 임차인이 스스로 보증금반환청구소송의 확정판결에 기한 경매를 신청하는 경우에는 별도로 배당요구를 할 필요가 없다.

④ 대항력과 우선변제권을 겸유하고 있는 임차인이 배당요구를 하였으나 보증금 전액을 배당받지 못한 경우, 후행 경매절차에서는 우선변제권에 의한 배당을 받을 수 없다.

⑤ 임차인이 보증금 중 일정액을 다른 담보물권자보다 우선변제받기 위해서는 주택에 대한 경매신청 전까지 대항요건만 갖추면 되고 확정일자까지 갖출 필요는 없다.

해설

① 경매를 신청할 때에는 주택을 인도할 필요가 없으나, 경락대금에서 보증금을 받기 위해서는 임차주택을 양수인에게 인도하여야 한다.

②③ 주택임차인이 우선변제와 최우선변제를 받기 위해서는 원칙적으로 배당요구를 하여야 한다. 그러나 임차권등기명령의 집행에 따라 임차권등기가 된 경우나 임차인 스스로 경매를 청구하는 경우에는 배당요구를 할 필요가 없다.

④ 선행 경매절차의 종료로 인하여 주택임차인의 우선변제권은 소멸하므로 주택임차인은 후행 경매절차에서는 우선변제권을 행사할 수 없다.

⑤ '경매신청 전'까지가 아니라 '경매신청의 등기 전'까지이다.

정답 ⑤

필살키 087　임차권등기명령제도

주택임대차보호법상의 임차권등기명령제도에 관한 설명으로 <u>틀린</u> 것은? (당사자 사이에 다른 약정은 없으며, 다툼이 있으면 판례에 따름)

① 임대차가 끝난 후 보증금이 반환되지 아니한 경우 임차인은 임차주택의 소재지를 관할하는 법원에 임차권등기명령을 신청할 수 있다.
② 임차권등기명령의 집행에 의한 임차권등기가 경료되더라도 임차인이 임차권등기 이전에 취득한 대항력 또는 우선변제권은 그대로 유지된다.
③ 임차인이 임차권등기 후 대항요건을 상실하더라도 이미 취득한 대항력 또는 우선변제권은 상실되지 않는다.
④ 임차권등기명령의 집행에 따른 임차권등기가 끝난 주택을 그 이후에 임차한 임차인은 임차주택의 환가대금에서 보증금을 우선변제받을 권리가 없다.
⑤ 임차인은 임차권등기명령 신청과 관련하여 든 비용을 임대인에게 청구할 수 있다.

해설

임차권등기명령의 집행에 따른 임차권등기가 끝난 주택을 그 이후에 임차한 임차인에게는 최우선변제권이 인정되지 않는다(최우선변제권 = 보증금 중 일정액에 대한 우선변제권 = 소액보증금에 대한 우선변제권). 따라서 <u>보증금에 대한 우선변제는 대항요건과 확정일자를 갖추면 당연히 인정된다</u>.

정답 ④

필살키 088　주택임차인의 계약갱신요구권

주택임차인의 계약갱신요구권에 관한 설명으로 <u>틀린</u> 것은? (다툼이 있으면 판례에 따름)

① 임차인은 임대차기간이 끝나기 6개월 전부터 2개월 전까지의 기간 이내에 임대인에게 계약의 갱신을 요구할 수 있다.
② 임차인이 2기의 차임액에 해당하는 금액에 이르도록 차임을 연체한 사실이 있는 경우에는 임대인은 임차인의 계약갱신요구를 거절할 수 있다.
③ 임차인은 1회에 한하여 계약갱신요구권을 행사할 수 있다.
④ 계약갱신요구권을 행사한 주택임차인의 계약해지통지가 갱신된 임대차계약기간이 개시되기 전에 임대인에게 도달한 때에도, 그 효력은 해지통지가 임대인에게 도달한 때로부터 3개월이 지난 때에 발생한다.
⑤ 임차인이 계약갱신요구권을 행사한 후 임차주택의 소유권을 취득한 자는 계약갱신요구권 행사기간 내라도 실거주를 이유로 임차인의 계약갱신요구를 거절할 수 없다.

해설

<u>임차주택의 양수인은 임대인의 지위를 승계하므로</u> 계약갱신요구권 행사기간 내에는 실거주를 이유로 임차인의 계약갱신요구를 거절할 수 있다.

정답 ⑤

필살키 089　상가건물 임대차보호법의 적용범위

甲이 2024. 2. 10. 乙 소유의 X상가건물을 보증금 10억원에 임차하여 건물을 인도받은 후 사업자등록과 확정일자를 갖추고 영업하고 있다. 다음 설명 중 틀린 것은? (다툼이 있으면 판례에 따름)

① 甲과 乙 사이에 임대차기간을 6개월로 정한 경우, 乙은 그 기간이 유효함을 주장할 수 있다.
② 甲의 계약갱신요구권은 최초의 임대차기간을 포함한 전체 임대차기간이 10년을 초과하지 아니하는 범위에서만 행사할 수 있다.
③ 만약 임대차기간을 약정하지 않았다면, 甲은 계약갱신요구권을 행사할 수 없다.
④ X건물이 경매로 매각되더라도 甲은 후순위권리자 기타 채권자보다 보증금을 우선하여 변제받을 수 없다.
⑤ 임대차 종료 후 보증금이 반환되지 않은 경우, 甲은 X건물의 소재지를 관할하는 법원에 임차권등기명령을 신청할 수 있다.

해설
① 위 사안의 경우 보증금이 10억원이므로 위 임대차는 「상가건물 임대차보호법」이 적용되지 않는다. 따라서 임대인도 6개월의 기간이 유효함을 주장할 수 있다.
② 위 사안의 경우 보증금이 10억원이므로 위 임대차는 「상가건물 임대차보호법」이 적용되지 않는다. 다만, 이 경우에도 임차인의 계약갱신요구권은 인정된다.
③ 대통령령으로 정한 보증금액을 초과하는 임대차에 대해서 계약갱신요구권이 인정된다 하더라도 기간을 정하지 않은 임대차의 경우에는 계약갱신요구권이 인정되지 않는다.
④ 위 사안의 경우 보증금이 10억원이므로 위 임대차는 「상가건물 임대차보호법」이 적용되지 않는다. 따라서 X건물이 경매로 매각된 경우라도 甲은 보증금을 우선변제받을 수 없다.
⑤ 위 사안의 경우 보증금이 10억원이므로 위 임대차는 「상가건물 임대차보호법」이 적용되지 않는다. 따라서 임차인은 임차권등기명령을 신청할 수 없다.

정답 ⑤

필살키 090　상가건물 임대차의 법률관계

상가건물 임대차보호법에 관한 설명으로 틀린 것은? (다툼이 있으면 판례에 따름)

① 상가건물의 공유자인 임대인이 임차인에게 갱신거절의 통지를 하는 행위는 공유물의 처분행위이므로, 공유자 전원의 동의로써 결정하여야 한다.
② 임차인이 보증금반환청구소송의 확정판결에 따라 임차건물에 대해 경매를 신청하는 경우, 건물명도의무의 이행은 집행개시요건이 아니다.
③ 임차인의 차임연체액이 3기의 차임액에 달하는 때에는 임대인은 계약을 해지할 수 있다.
④ 임차인이 임차한 건물을 중대한 과실로 전부 파손한 경우, 임대인은 권리금회수의 기회를 보호할 필요가 없다.
⑤ 권리금회수의 방해로 인한 임차인의 임대인에 대한 손해배상청구권은 임대차가 종료한 날로부터 3년 이내에 행사하지 않으면 시효의 완성으로 소멸한다.

해설
① 상가건물의 공유자인 임대인이 임차인에게 갱신거절의 통지를 하는 행위는 공유물의 관리행위이므로, 공유지분의 과반수로써 결정하여야 한다.
② 경매를 신청하는 경우에는 건물을 인도하지 않아도 된다. 그러나 경락대금에서 보증금을 수령하기 위해서는 건물을 인도하여야 한다.
③ 임차인의 차임연체액이 3기의 차임액에 달하는 때에는 임대인은 계약을 해지할 수 있다.
④ 임대인이 임차인의 계약갱신요구를 거절할 수 있는 경우에는 임대인은 임차인의 권리금 회수기회를 보호할 필요가 없다.
⑤ 권리금회수의 방해로 인한 임차인의 임대인에 대한 손해배상청구권은 임대차가 종료한 날로부터 3년 이내에 행사하지 않으면 시효의 완성으로 소멸한다.

정답 ①

필살키 091   집합건물법 일반

집합건물의 소유 및 관리에 관한 법률에 관한 설명으로 **틀린** 것은? (다툼이 있으면 판례에 따름)

① 관리단을 설립하기 위하여 특별한 조직행위를 하여야 하는 것은 아니다.
② 관리인에게 부정한 행위나 그 밖에 그 직무를 수행하기에 적합하지 아니한 사정이 있을 때에는 각 구분소유자는 관리인의 해임을 법원에 청구할 수 있다.
③ 관리인은 매년 회계연도 종료 후 3개월 이내에 정기 관리단집회를 소집하여야 한다.
④ 재건축 결의에 따라 설립된 재건축조합이 재건축 결의 내용을 변경하기 위해서는 조합원 4분의 3 이상의 결의가 필요하다.
⑤ 규약의 설정·변경 및 폐지는 관리단집회에서 구분소유자의 4분의 3 이상 및 의결권의 4분의 3 이상의 찬성을 얻어서 한다.

해설
① 관리단은 구분소유자 전원을 구성원으로 하여 당연히 설립되는 단체이다.
② '관리단집회의 결의에 의하여 지정된 구분소유자'가 아니라 '각 구분소유자'가 관리인의 해임을 청구할 수 있다.
③ 이를 정기 관리단집회라 한다.
④ 재건축 결의 시의 의결정족수를 유추적용하여 조합원 5분의 4 이상의 결의가 필요하다.
⑤ 규약의 설정·변경 및 폐지의 정족수는 구분소유자의 4분의 3 이상 및 의결권의 4분의 3 이상이다.

정답 ④

필살키 092   집합건물의 법률관계

집합건물의 소유 및 관리에 관한 법률에 대한 설명으로 옳은 것을 모두 고른 것은? (당사자 사이에 다른 약정이나 규약에 특별한 규정이 없으며, 다툼이 있으면 판례에 따름)

> ㉠ 1동의 건물 중 구분된 각 부분이 구조상·이용상의 독립성을 갖추었더라도 집합건축물대장에 등록되지 않는 한 구분소유권의 객체가 되지 못한다.
> ㉡ 각 공유자는 공용부분을 지분비율에 따라 사용할 수 있다.
> ㉢ 공용부분 관리비에 대한 연체료는 전 구분소유자의 특별승계인에게 승계되는 공용부분 관리비에 포함되지 않는다.
> ㉣ 구분소유권의 특별승계인이 그 구분소유권을 다시 제3자에게 이전한 경우, 관리규약에 달리 정함이 없는 한, 각 특별승계인들은 자신의 전(前) 구분소유자의 공용부분에 대한 체납관리비를 지급할 책임이 있다.

① ㉠, ㉡   ② ㉠, ㉢
③ ㉡, ㉢   ④ ㉡, ㉣
⑤ ㉢, ㉣

해설
㉠ 구분행위로 인정받기 위해서 등기부에 구분건물로 등기되거나 집합건축물대장에 등록될 필요는 없다(분양계약이나 건축허가 신청만으로도 됨).
㉡ '지분비율'이 아니라 '용도'에 따라 사용하는 것이다.
㉢ 공용부분 관리비에 대한 연체료는 이미 전 구분소유자에게 확정된 채무이므로 특별승계인에게 승계되지 않는다.
㉣ 구분소유권이 순차적으로 양도된 경우 각 특별승계인들은 이전 구분소유권자들의 채무를 중첩적으로 인수하므로 각 특별승계인들은 자신의 전(前) 구분소유자의 공용부분에 대한 체납관리비를 지급하여야 한다.

정답 ⑤

필살카 093   집합건물법상의 재건축

집합건물의 소유 및 관리에 관한 법률에 따른 재건축에 관한 설명으로 틀린 것을 모두 고른 것은? (다툼이 있으면 판례에 따름)

> ㉠ 재건축 결의는 구분소유자의 5분의 4 이상 및 의결권의 각 5분의 4 이상의 다수에 의한 결의에 따른다.
>
> ㉡ 재건축 결의가 있으면 집회를 소집한 자는 지체 없이 그 결의에 찬성하지 아니한 구분소유자에 대하여 그 결의내용에 따른 재건축에 참가할 것인지 여부를 회답할 것을 서면 또는 구두로 촉구하여야 한다.
>
> ㉢ 재건축 참가 여부에 대한 촉구를 받은 구분소유자는 촉구를 받은 날부터 2개월 이내에 회답하여야 한다.
>
> ㉣ 위 ㉢의 기간 내에 회답하지 아니한 경우 그 구분소유자는 재건축에 참가하겠다는 뜻을 회답한 것으로 본다.

① ㉠, ㉡   ② ㉠, ㉢
③ ㉡, ㉢   ④ ㉡, ㉣
⑤ ㉢, ㉣

해설
㉡ 재건축 참가 여부에 대한 확답촉구는 반드시 서면으로 하여야 한다.
㉣ 재건축에 '참가하지 아니하겠다'는 뜻을 회답한 것으로 본다.

정답 ④

필살카 094   집합건물법 개정사항

집합건물의 소유 및 관리에 관한 법률에 관한 설명으로 틀린 것은? (다툼이 있으면 판례에 따름)

① 관리인은 매년 1회 이상 구분소유자 및 그의 승낙을 받아 전유부분을 점유하는 자에게 그 사무에 관한 보고를 하여야 한다.

② 공용부분의 변경에 관한 사항은 구분소유자의 3분의 2 이상 및 의결권의 3분의 2 이상의 다수에 의한 집회결의로써 결정한다.

③ 구분소유권과 대지사용권에 변동을 일으키는 공용부분의 변경에 관한 사항은 구분소유자의 5분의 4 이상 및 의결권의 5분의 4 이상의 결의로써 결정한다.

④ 「관광진흥법」에 따른 휴양 콘도미니엄의 권리변동을 일으키는 공용부분 변경에 관한 사항은 구분소유자의 3분의 2 이상 및 의결권의 3분의 2 이상의 결의로써 결정한다.

⑤ 관리단집회에서 결의할 사항에 관하여 구분소유자의 3분의 2 이상 및 의결권의 3분의 2 이상이 서면 또는 전자적 방법으로 합의하면 관리단집회를 소집하여 결의한 것으로 본다.

해설
① 사무보고 : 구분소유자 + 구분소유자의 승낙을 받아 전유부분을 점유하는 자
② 공용부분의 변경 : 3분의 2
③ 구분소유권과 대지사용권에 변동을 일으키는 공용부분의 변경 : 5분의 4
④ 콘도의 구분소유권과 대지사용권에 변동을 일으키는 공용부분 변경 : 3분의 2
⑤ 서면 또는 전자적 방법에 의한 결의요건 : 4분의 3

정답 ⑤

필살키 095   가등기담보권의 실행

가등기담보 등에 관한 법률에 관한 설명 중 옳은 것은? (다툼이 있으면 판례에 따름)

① 예약 당시의 목적물의 가액이 차용액과 이에 붙인 이자를 합산한 액수에 미달하는 경우에는 청산금의 평가액을 통지할 필요가 없다.

② 가등기담보권의 실행통지시기는 피담보채권의 변제기 이후라면 언제라도 상관없으나, 반드시 서면으로 통지하여야 한다.

③ 채권자가 담보계약에 따른 담보권을 실행하여 그 담보목적부동산의 소유권을 취득하기 위하여는 실행통지가 채무자등에게 도달한 날부터 3개월이 지나야 한다.

④ 채무자는 청산기간이 지나기 전에 청산금에 관한 권리의 양도로써 후순위권리자에게 대항할 수 있다.

⑤ 채무자는 청산기간이 지나기 전까지 피담보채무를 변제하고 채권담보의 목적으로 경료된 소유권이전등기 또는 가등기의 말소를 청구할 수 있다.

해설

① 이 경우에는 아예 「가등기담보 등에 관한 법률」이 적용되지 않으므로 청산금의 평가액을 통지할 필요가 없다.

② 통지시기는 피담보채권의 변제기 이후라면 언제라도 좋다. 통지방법은 서면뿐만 아니라 구두로도 할 수 있다.

③ 채권자가 담보계약에 따른 담보권을 실행하여 그 담보목적부동산의 소유권을 취득하기 위하여는 실행통지가 채무자등에게 도달한 날부터 2개월이 지나야 한다.

④ 채무자는 청산기간이 지나기 전에 청산금에 관한 권리의 양도나 그 밖의 처분으로써 후순위권리자에게 대항하지 못한다.

⑤ 채무자는 청산기간이 지났더라도 청산금채권을 변제받을 때까지는 피담보채무를 변제하고 채권담보의 목적으로 경료된 소유권이전등기 또는 가등기의 말소를 청구할 수 있다.

정답 ①

필살키 096   가등기담보권의 법률관계

甲의 X토지에 대하여 乙은 가등기담보권을, 丙은 저당권을 각각 순차로 취득하였다. 변제기에 甲이 乙에 대한 채무를 이행하지 않는 경우에 관한 설명으로 틀린 것을 모두 고른 것은? (다툼이 있으면 판례에 따름)

ㄱ. 乙은 X토지의 경매를 청구할 수 있다.

ㄴ. 乙이 담보계약에 따른 담보권을 실행하여 X토지의 소유권을 취득하기 위해서는 반드시 청산절차를 거쳐야 한다.

ㄷ. 乙은 경매를 청구하는 방법을 선택하여 X토지에 대한 경매절차가 진행 중이더라도 가등기에 기한 본등기를 청구할 수 있다.

ㄹ. 丙은 청산기간이 경과하더라도 청산금지급 전이면 자신의 피담보채권의 변제기가 도래하기 전이라도 X토지의 경매를 청구할 수 있다.

① ㄱ, ㄴ   ② ㄱ, ㄷ

③ ㄴ, ㄷ   ④ ㄴ, ㄹ

⑤ ㄷ, ㄹ

해설

ㄱ. 가등기담보권자는 그 선택에 따라 권리취득에 의해 실행하거나 목적부동산의 경매를 청구할 수 있다.

ㄴ. 가등기담보권자가 권리취득에 의한 실행에 의하여 목적부동산의 소유권을 취득하기 위해서는 반드시 청산절차를 거쳐야 한다.

ㄷ. 가등기담보권자가 경매를 청구하는 방법을 선택하여 경매절차가 진행 중인 경우에는 가등기에 기한 본등기를 청구할 수 없다.

ㄹ. 후순위권리자는 '청산기간에 한정하여' 그 피담보채권의 변제기 도래 전이라도 목적부동산의 경매를 청구할 수 있다.

정답 ⑤

필살키 097　유효한 명의신탁

甲은 조세포탈·강제집행의 면탈 또는 법령상 제한회피를 목적으로 하지 않고, 배우자 乙과의 명의신탁약정에 따라 자신의 X토지를 乙 명의로 소유권이전등기를 마쳤고, 乙은 이를 10년간 점유하였다. 다음 설명 중 틀린 것을 모두 고른 것은? (다툼이 있으면 판례에 따름)

> ㉠ 乙은 등기부취득시효에 의하여 X토지의 소유권을 취득할 수 있다.
> ㉡ 丙이 X토지를 불법점유하는 경우, 甲은 직접 丙에게 소유권에 기한 방해제거를 청구할 수 있다.
> ㉢ 甲이 X토지에 대해 丁과 매매계약을 하더라도, 이는 타인 권리의 매매에 해당하지 않는다.
> ㉣ 戊가 乙과의 매매계약에 따라 X토지에 대한 소유권이전등기를 마친 경우, 특별한 사정이 없는 한 戊는 선의·악의를 불문하고 X토지의 소유권을 취득한다.

① ㉠, ㉡　　② ㉠, ㉢　　③ ㉡, ㉢
④ ㉡, ㉣　　⑤ ㉢, ㉣

해설

㉠ 수탁자의 점유는 타주점유이므로 乙은 등기부취득시효에 의하여 X토지의 소유권을 취득할 수 없다.
㉡ 명의신탁이 유효한 경우 대외적인 소유권은 수탁자에게 있으므로 乙만 직접 丙에게 소유권에 기한 방해제거를 청구할 수 있다. 따라서 甲은 乙의 소유권에 기한 방해제거청구권을 대위행사할 수 있을 뿐 직접 丙에게 소유권에 기한 방해제거를 청구할 수 없다.
㉢ 명의신탁이 유효한 경우 대내적인 소유권은 신탁자에게 있으므로 신탁자가 목적부동산을 제3자에게 매도하더라도 이는 타인 권리의 매매에 해당하지 않는다.
㉣ 명의신탁이 유효한 경우 대외적인 소유권은 수탁자에게 있으므로 수탁자가 목적 부동산을 처분한 경우 제3자는 원칙적으로 선의·악의를 불문하고 소유권을 취득한다.

정답 ①

필살키 098　이자 간 명의신탁

甲은 법령상의 제한을 회피하기 위해 2024. 5. 배우자 乙과 명의신탁약정을 하고 자신의 X건물을 乙 명의로 소유권이전등기를 마쳤다. 이에 관한 설명으로 틀린 것은? (다툼이 있으면 판례에 따름)

① 甲은 소유권에 의해 乙을 상대로 소유권이전등기의 말소를 청구할 수 있다.
② 甲은 乙에게 명의신탁해지를 원인으로 소유권이전등기를 청구할 수 없다.
③ 乙이 소유권이전등기 후 X건물을 점유하는 경우, 乙의 점유는 타주점유이다.
④ 乙이 丙에게 X건물을 증여하고 소유권이전등기를 해 준 경우, 丙은 특별한 사정이 없는 한 소유권을 취득한다.
⑤ 乙이 丙에게 X건물을 적법하게 양도하였다가 다시 소유권을 취득한 경우, 甲은 乙에게 소유물반환을 청구할 수 있다.

해설

① 법령상의 제한을 회피한 경우이므로 특례가 적용되지 않는다. 따라서 이 경우에는 명의신탁약정과 등기에 의한 물권변동이 무효이므로, 甲은 소유권에 의해 乙을 상대로 소유권이전등기의 말소를 청구할 수 있다.
② 명의신탁약정과 등기에 의한 물권변동이 무효가 되므로, 신탁자는 명의신탁해지를 원인으로 수탁자에게 소유권이전등기를 청구할 수 없다.
③ 수탁자의 점유는 타주점유에 해당한다.
④ 명의신탁약정의 무효와 등기에 의한 물권변동의 무효로써 제3자에게 대항하지 못한다. 따라서 丙은 특별한 사정이 없는 한 소유권을 취득한다.
⑤ 이자 간 명의신탁에서 수탁자가 신탁부동산을 처분하여 제3자가 유효하게 소유권을 취득한 경우 신탁자의 소유권에 기한 물권적 청구권은 완전히 상실된다. 따라서 그 후 수탁자가 우연히 신탁부동산의 소유권을 다시 취득하더라도 신탁자는 수탁자에게 소유권에 기한 물권적 청구권을 행사할 수 없다.

정답 ⑤

필살키 099　등기명의신탁

2024. 8. 1. 丙 소유의 X부동산을 매수하고 자 하는 甲은 친구 乙과 명의신탁약정을 하고 乙 명의로 소유권이전등기를 하기로 하였다. 그 후 甲은 丙에게서 그 소유의 X부동산을 매수하고 대금을 지급하였으며, 丙은 甲의 부탁에 따라 乙 앞으로 이전등기를 해 주었다. 다음 설명 중 틀린 것을 모두 고른 것은? (다툼이 있으면 판례에 따름)

> ㉠ 甲과 乙 사이의 명의신탁약정은 무효이다.
> ㉡ 甲은 丙을 상대로 매매대금의 반환을 청구할 수 있다.
> ㉢ 甲은 丙을 대위하여 乙 명의의 소유권이전등기의 말소를 청구할 수 있다.
> ㉣ 甲과 乙 간의 명의신탁약정 사실을 알고 있는 丁이 乙로부터 X부동산을 매수하고 이전등기를 마쳤다면, 丁은 특별한 사정이 없는 한 그 소유권을 취득하지 못한다.

① ㉠, ㉡　　　　　　② ㉠, ㉢
③ ㉡, ㉢　　　　　　④ ㉡, ㉣
⑤ ㉢, ㉣

해설

㉠ 위 사안은 등기명의신탁에 해당하고, 이 경우 명의신탁약정은 무효이다.
㉡ 신탁자와 매도인 사이의 <u>매매계약은 유효</u>하므로 甲은 丙에게 <u>매매대금의 반환을 청구할 수 없다</u>.
㉢ 등기명의신탁의 경우 신탁자는 매도인을 대위하여 수탁자를 상대로 등기말소를 구하고 다시 매도인을 상대로 매매계약에 기한 소유권이전등기를 청구하여야 한다.
㉣ 명의신탁약정의 무효와 등기에 의한 물권변동의 무효는 제3자에게 대항하지 못한다. 따라서 丁은 원칙적으로 <u>선의·악의를 불문하고 소유권을 취득한다</u>.

정답 ④

필살키 100　계약명의신탁

2024년 8월 甲은 乙 소유의 부동산을 매수하려고 마음먹고 세금관계 등의 이유로 친구인 丙의 이름을 빌리기로 丙과 합의한 뒤, 丙에게 매매대금을 주어 丙이 乙과 위 부동산을 매수하는 계약을 체결하고 丙 명의로 소유권이전등기를 마쳤다. 매매계약체결 시에 乙은 甲·丙 간 명의신탁약정이 있는 사실을 알지 못하였다. 다음 중 옳은 것을 모두 고른 것은? (다툼이 있으면 판례에 따름)

> ㉠ 乙·丙 간의 매매계약은 유효하다.
> ㉡ 丙 명의의 소유권이전등기도 유효하다.
> ㉢ 甲·丙 간의 명의신탁약정은 유효하다.
> ㉣ 甲은 丙에 대하여 부동산 자체에 대해 반환을 청구할 수 있다.

① ㉢　　　　　　　　② ㉠, ㉡
③ ㉠, ㉢　　　　　　④ ㉢, ㉣
⑤ ㉠, ㉡, ㉣

해설

㉠㉡ 계약명의신탁에 있어서 매도인이 선의인 경우 매매계약과 등기에 의한 물권변동은 유효하다.
㉢ 계약명의신탁에 있어서 매도인이 <u>선의인 경우라도 명의신탁약정은 무효</u>이다.
㉣ 「부동산 실권리자명의 등기에 관한 법률」 '시행 후'에 이른바 계약명의신탁약정을 한 경우, 명의수탁자가 명의신탁자에게 반환하여야 할 <u>부당이득의 대상은 매수자금</u>이다.

정답 ②

내가 꿈을 이루면
나는 누군가의 꿈이 된다.

– 이도준

MEMO

2024 에듀윌 공인중개사 심정욱 필살키

발 행 일	2024년 8월 5일 초판
편 저 자	심정욱
펴 낸 이	양형남
펴 낸 곳	(주)에듀윌
등록번호	제25100-2002-000052호
주　　소	08378 서울특별시 구로구 디지털로34길 55
	코오롱싸이언스밸리 2차 3층

* 이 책의 무단 인용 · 전재 · 복제를 금합니다.

www.eduwill.net

대표전화 1600-6700

여러분의 작은 소리
에듀윌은 크게 듣겠습니다.

본 교재에 대한 여러분의 목소리를 들려주세요.
공부하시면서 어려웠던 점, 궁금한 점,
칭찬하고 싶은 점, 개선할 점, 어떤 것이라도 좋습니다.

에듀윌은 여러분께서 나누어 주신 의견을
통해 끊임없이 발전하고 있습니다.

에듀윌 도서몰 book.eduwill.net

• 부가학습자료 및 정오표: 에듀윌 도서몰 → 도서자료실
• 교재 문의: 에듀윌 도서몰 → 문의하기 → 교재(내용, 출간) / 주문 및 배송

에듀윌 직영학원에서
합격을 수강하세요

언제나 전문 학습 매니저와 상담이 가능한 안내데스크

고품질 영상 및 음향 장비를 갖춘 최고의 강의실

재충전을 위한 카페 분위기의 아늑한 휴게실

에듀윌의 상징 노란색의 환한 학원 입구

에듀윌 직영학원 대표전화

공인중개사 학원	02)815-0600	공무원 학원	02)6328-0600
주택관리사 학원	02)815-3388	소방 학원	02)6337-0600
전기기사 학원	02)6268-1400	부동산아카데미	02)6736-0600

편입 학원	02)6419-0600
세무사·회계사 학원	02)6010-0600

공인중개사학원
바로가기

에듀윌 공인중개사
동문회 특권

1. 에듀윌 공인중개사 합격자 모임

2. 앰배서더 가입 자격 부여

3. 동문회 인맥북

업계 최대 네트워크

4. 개업 축하 선물

5. 온라인 커뮤니티

부동산 정보
실시간 공유

6. 오프라인 커뮤니티

지부/기수 정기모임

7. 공인중개사 취업박람회

8. 동문회 주최 실무 특강

9. 프리미엄 복지혜택

숙박/자기계발/의료
및 소식지 무료 구독

10. 마이오피스

동문 사무소
등록/조회

11. 동문회와 함께하는 사회공헌활동

※ 본 특권은 회원별로 상이하며, 예고 없이 변경될 수 있습니다.

에듀윌 부동산 아카데미
강의 듣기

성공 창업의 필수 코스
부동산 창업 CEO 과정

1 튼튼 창업 기초

- 창업 입지 컨설팅
- 중개사무 문서작성
- 성공 개업 실무TIP

2 중개업 필수 실무

- 온라인 마케팅
- 세금 실무
- 토지/상가 실무
- 재개발/재건축

3 실전 Level-Up

- 계약서작성 실습
- 중개영업 실무
- 사고방지 민법실무
- 빌딩 중개 실무

4 부동산 투자

- 시장 분석
- 투자 정책

부동산으로 성공하는
컨설팅 전문가 3대 특별 과정

마케팅 마스터

- 데이터 분석
- 블로그 마케팅
- 유튜브 마케팅
- 실습 샘플 파일 제공

디벨로퍼 마스터

- 부동산 개발 사업
- 유형별 절차와 특징
- 토지 확보 및 환경 분석
- 사업성 검토

빅데이터 마스터

- QGIS 프로그램 이해
- 공공데이터 분석 및 활용
- 컨설팅 리포트 작성
- 토지 상권 분석

경매의 神과 함께 '중개'에서
'경매'로 수수료 업그레이드

- 공인중개사를 위한 경매 실무
- 투자 및 중개업 분야 확장
- 고수들만 아는 돈 되는 특수 물권
- 이론(기본) - 이론(심화) -
  임장 3단계 과정
- 경매 정보 사이트 무료 이용

실전 경매의 神
안성선
이주왕
장석태

에듀윌 부동산 아카데미 | uland.eduwill.net
문의 | 온라인 강의 1600-6700, 학원 강의 02)6736-0600

꿈을 현실로 만드는 에듀윌

DREAM

공무원 교육
- 선호도 1위, 신뢰도 1위! 브랜드만족도 1위!
- 합격자 수 2,100% 폭등시킨 독한 커리큘럼

자격증 교육
- 8년간 아무도 깨지 못한 기록 합격자 수 1위
- 가장 많은 합격자를 배출한 최고의 합격 시스템

직영학원
- 직영학원 수 1위
- 표준화된 커리큘럼과 호텔급 시설 자랑하는 전국 22개 학원

종합출판
- 온라인서점 베스트셀러 1위!
- 출제위원급 전문 교수진이 직접 집필한 합격 교재

어학 교육
- 토익 베스트셀러 1위
- 토익 동영상 강의 무료 제공

콘텐츠 제휴·B2B 교육
- 고객 맞춤형 위탁 교육 서비스 제공
- 기업, 기관, 대학 등 각 단체에 최적화된 고객 맞춤형 교육 및 제휴 서비스

부동산 아카데미
- 부동산 실무 교육 1위!
- 상위 1% 고소득 창업/취업 비법
- 부동산 실전 재테크 성공 비법

학점은행제
- 99%의 과목이수율
- 16년 연속 교육부 평가 인정 기관 선정

대학 편입
- 편입 교육 1위!
- 최대 200% 환급 상품 서비스

국비무료 교육
- '5년우수훈련기관' 선정
- K-디지털, 산대특 등 특화 훈련과정
- 원격국비교육원 오픈

에듀윌 교육서비스 **공무원 교육** 9급공무원/7급공무원/소방공무원/계리직공무원 **자격증 교육** 공인중개사/주택관리사/감정평가사/노무사/전기기사/ 경비지도사/검정고시/소방설비기사/소방시설관리사/사회복지사2급/건축기사/토목기사/직업상담사/전기기능사/산업안전기사/위험물산업기사/위험물기능사/유통관리사/물류관리사/ 행정사/한국사능력검정/한경TESAT/매경TEST/KBS한국어능력시험/실용글쓰기/IT자격증/국제무역사/무역영어 **어학 교육** 토익 교재/토익 동영상 강의 **세무/회계** 회계사/세무사/전산세무회계/ERP정보관리사/재경관리사 **대학 편입** 편입 교재/편입 영어·수학/경찰대/의치대/편입 컨설팅·면접 **직영학원** 공무원학원/소방학원/공인중개사 학원/ 주택관리사 학원/전기기사학원/세무사·회계사 학원/편입학원 **종합출판** 공무원·자격증 수험교재 및 단행본 **학점은행제** 교육부 평가인정기관 원격평생교육원(사회복지사2급/경영학/CPA)/교육부 평가인정기관 원격 사회교육원(사회복지사2급/심리학) **콘텐츠 제휴·B2B 교육** 교육 콘텐츠 제휴/기업 맞춤 자격증 교육/대학 취업역량 강화 교육 **부동산 아카데미** 부동산 창업CEO/부동산 경매 마스터/부동산 컨설팅 **국비무료 교육 (국비교육원)** 전기기능사/전기(산업)기사/소방설비(산업)기사/IT(빅데이터/자바프로그램/파이썬)/게임그래픽/3D프린터/실내건축디자인/웹퍼블리셔/그래픽디자인/영상편집(유튜브)디자인/온라인 쇼핑몰광고 및 제작(쿠팡, 스마트스토어)/전산세무회계/컴퓨터활용능력/ITQ/GTQ/직업상담사

교육문의 1600-6700 www.eduwill.net

eduwill